Andrea Glaubacker

55 auch unverschämte Fragen an das Land der Extreme

Impressum

© Bruckmann Verlag GmbH
Infanteriestraße 11a
80797 München

ISBN: 978-3-7343-3248-7

Autorin: Andrea Glaubacker
Verantwortlich: Matthias Walter
Produktmanagement: Svenja Müller
Lektorat: Daniela Hansjakob
Korrektorat: Christiane Gsänger
Umschlaggestaltung: Mathias Frisch
Satz: Röser MEDIA, Karlsruhe
Druck und Verarbeitung: Printed in Türkiye by Elma Basim

Sind Sie mit dem Titel zufrieden? Dann würden wir uns über Ihre Weiterempfehlung freuen.

Erzählen Sie es im Freundeskreis, berichten Sie Ihrem Buchhändler oder bewerten Sie bei Onlinekauf. Und wenn Sie Kritik, Korrekturen, Aktualisierungen haben, freuen wir uns über Ihre Nachricht an lektorat@verlagshaus.de.

Unser komplettes Programm finden Sie unter

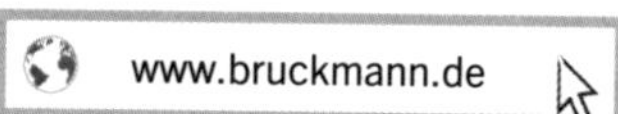

Alle Angaben dieses Werkes wurden von den Autoren sorgfältig recherchiert und auf den neuesten Stand gebracht sowie vom Verlag geprüft. Für die Richtigkeit der Angaben kann jedoch keine Haftung erfolgen. Sollte dieses Werk Links auf Webseiten Dritter enthalten, so machen wir uns diese Inhalte nicht zu eigen und übernehmen für die Inhalte keine Haftung.

Umschlagabbildung: © Stock.adobe.com / Refresh(PIX)

INHALT

VORWORT

Indien ist im Wandel begriffen. Medial tauchen meist Nachrichten auf, die entweder die Modernisierung des Landes oder Indiens Rolle als politischer Machtblock behandeln. Natürlich ist Indien so viel mehr. Davon will dieses Buch berichten und den Blickwinkel auf das »moderne« Indien richten. Was hat sich im Land verändert und wer partizipiert davon? In welche Richtung entwickelt sich Indien? Dies sind die Fragestellungen, die ich als Schwerpunkt wählte, denn Indien wandelt sich rasant und wird immer wichtiger in der Welt. In unterschiedlichen Bereichen, politisch, wirtschaftlich und damit auch kulturell, wird es seinen Einfluss stetig erweitern. Außerdem will ich Indieninteressierten eine Grundlage bieten, mit der das Land besser einzuordnen und zu verstehen ist. So ist ein buntes Sammelsurium entstanden, das sowohl aktuelle Bezüge aus Gesellschaft, Politik, Wirtschaft und Kultur aufgreift, als auch einen Blick auf die festen Grundlagen der indischen Kultur wirft.

Ich habe viele Reisen in unterschiedliche Teile der Welt unternommen, und doch ist Indien das Land geblieben, das mich am meisten fasziniert und in das ich am liebsten zurückkehre. Abgesehen von der Fülle an Neuem, das es stets zu entdecken und zu verstehen gilt, sind es die Menschen selbst, die mich berühren. Herzliche und hilfsbereite Menschen, immer offen für ein Gespräch und schöne Begegnungen, machen Indien aus. Wer sich der Fremdartigkeit möglichst vorurteilsfrei hingeben kann, wird reich belohnt. Dann lässt uns Indien innerlich aufblühen. Auch in der alles durchdringenden Spiritualität, liegt das Potenzial einer Neuausrichtung. Wenn wir offen sind für neue Konzepte und Ideen, kann das zu einem tiefgreifenden inneren Wandel führen. Wir fühlen uns nicht mehr vereinzelt und losgelöst, sondern verwoben und als Teil von allem. Außerdem liegt im Abgleich mit dem Fremden immer auch die Möglichkeit eines tieferen Weltverständnisses und die Erkenntnis der eigenen Persönlichkeit. Das alles (und noch viel mehr) kann uns Indien lehren. Es ist die Bandbreite Indiens, die uns staunend und manchmal überwältigt sein lässt.

Doch es ist längst nicht alles gut. Messerscharf schneiden die Anblicke der Ungerechtigkeit, der Armut und harter, unerbittlicher Lebensrealitäten in unser vergleichsweise sattes Fleisch und rütteln uns durch. Bei jeder Indienreise ist ein großes Spannungsfeld auszuhalten und es gilt, den eigenen, ganz individuellen Weg des Umgangs damit zu finden. Resignieren wir nicht und halten wir den Blick stärker auf das Bereichernde, die Schönheiten des Landes und auf die Menschen, so wird uns Indien immer wieder neu mit seiner Fülle und Magie bezaubern. Die Bandbreite an möglichen Entdeckungen ist unermesslich und Indien ist am allerbesten mit offenen Augen und weitem Herz und frei von Vorurteilen zu bereisen.

Reisen Sie nach Indien. Erleben, fühlen, schmecken und riechen Sie es. Es wird Sie tief beeindruckt und innerlich reicher zurückkehren lassen!

1

Ist Indien im Umbruch?

»2047 WIRD INDIEN EIN ENTWICKELTES LAND SEIN«, VERSPRACH INDIENS PREMIER NARENDRA MODI IN EINER BERÜHMT GEWORDENEN REDE ZUM INDISCHEN UNABHÄNGIGKEITSTAG IM JAHR 2022. DAS KÖNNTE SCHWIERIG WERDEN, DENN IN INDIEN GIBT ES RIESIGE UNTERSCHIEDE ZWISCHEN EINEM LEBEN IN DER STADT UND EINEM AUF DEM LAND.

Indien verändert sich und gibt sich nach außen hin einen modernen Anstrich. Seit dem Wahlerfolg der rechtskonservativen BPJ und von Narendra Modi 2014 hat sich die Zahl der indischen Flughäfen und die der Autobahnkilometer verdoppelt und die Elektrizität wurde stark ausgebaut. An jeder Bude kann digital bezahlt werden und das **Bruttosozialprodukt** steigt jährlich zwischen 6 und 7 Prozent. In den Metropolen werden Millionen staatlicher Gelder in Forschungs- und Innovationsunternehmen gesteckt. Es wird getüftelt, geforscht und Start-ups schießen wie Pilze aus dem Boden.

Mit dem Programm »**Make in India**« will Premierminister Modi das Land zur neuen Werkbank der Welt wandeln und China diese Rolle streitig machen. Unternehmen wie Microsoft, Toyota und Samsung haben bereits in Indien investiert und beschäftigen Zehntausende in ihren Entwicklungs- und Fertigungsabteilungen. Delhi lockt mit Sonderregeln und **Steueranreizen** und eifert China nach, das durch seine Investitionsstrategien dort für einen heftigen Aufschwung gesorgt hat.

Indien wird zunehmend interessanter für die Weltwirtschaft, doch noch gibt es viele Hürden und Probleme. Abschreckend wirken, verglichen mit China, schlechter ausgebildete **Arbeitskräfte**, außerdem die katastrophale Luftqualität in den Städten, also Smog und Hitze. So wurden beispielsweise im Juni 2024 in Mungeshpur bei Delhi **52,9 Grad** Celsius gemessen – die höchste je in Indien gemessene Temperatur. Von den EU-Richtlinien für Umwelt und Soziales ganz zu schweigen. Es bleibt also, zumindest derzeit noch, schwierig.

Mit Blick auf die quirligen Städte könnte man annehmen, Indien hätte eine umfassende Modernisierung erfasst. Die Mittelschicht ist auf 371 Millionen Menschen angewachsen und mit ihrer Konsumbereitschaft ist sie eine Triebfeder für den Aufschwung. Doch das Bild täuscht.

Zwei Drittel aller InderInnen leben auf dem Land. Indien ist noch immer ein **Land der Dörfer**. Und dort, jenseits der Ballungsräume, hat sich in den letzten Jahrzehnten kaum etwas geändert. Vom hochgepriesenen Aufschwung spürt man auf dem Land so gut wie nichts. Die Einkünfte sind für viele so niedrig, dass selbst das blanke Überleben nicht immer gesichert ist. Auch an den alten starren Regeln der Kasten hat sich hier nichts geändert. Auf dem Land ist Indien so wenig im Wandel wie ein schwergewichtiger Elefant durch einen brennenden Reifen zu springen vermag. Hier zeigt sich der größte **Kontrast** des Landes und hier liegt eine der riesigen Herausforderungen, will Modi ganz Indien modernisieren.

Auch sonst sind die Kontraste extrem. Während die Upper Class Mumbais in Nachtclubs Cocktails mit Blattgold schlürft, liegen auf dem Land verzweifelte Eltern wach, weil sie nicht mehr wissen, wie sie ihre Kinder ernähren sollen. Die **Landflucht** wird oft als letzter Ausweg gesehen, um einem elenden Leben zu entkommen. Doch das Leben in den Städten ist hart, die Städte platzen bereits jetzt aus allen Nähten und ein Drittel der dortigen Bewohner lebt in **Slums**. Den erträumten sozialen Aufstieg oder ein leichteres Leben erwartet kaum jemanden, stattdessen harte Arbeit im sogenannten informellen Sektor. Schuhe putzen, Chilis verkaufen, Autoscheiben wischen, Arbeit in Heimarbeit oder als Haushaltshilfe gehören dazu. Das Leben in den Städten bleibt für die Unterschicht weiterhin ein Überleben zu härtesten Bedingungen.

Aber es gibt auch jene, die durch ihren Einsatz viel Gutes tun. Es gibt abertausende Menschen, die mit viel Eigeninitiative und nach ihren Mitteln und Möglichkeiten Belange verbessern möchten. Sie helfen Obdachlosen oder psychisch kranken Frauen, kümmern sich um die Versorgung herumstreunender Tiere, sie initiieren ökologische Projekte, versorgen in der Hitzeperiode Menschen und Tiere mit Wasser, verteilen selbst gekochtes Essen an Bedürftige und und und. Hut ab!

GUT ZU WISSEN

In Mumbai liegt der **größte Slum** Asiens. Zwischen 700.000 und eine Million Menschen leben in diesem Labyrinth enger Gassen angefüllt mit Wellblechverschlägen, Werkstätten, Tempeln, Schulen, Märkten. Entgegen der weitläufigen Meinung, im Slum würde nur dahinvegetiert, ist **Dharavi** ein Mikrokosmos voll mit kleinen Betrieben. Färbereien, Recycling-Werkstätten, Nähereien und Bäckereien sind Teil des bunten Sammelsuriums von 20.000 Kleinunternehmen in Dharavi. Ökonomen beziffern den **Jahresumsatz** auf 500 Millionen bis zu 1 Milliarde Dollar. Seit Jahrzehnten will die Politik Dharavi entwickeln. Das bedeutet in der Regel Vertreibung, denn Dharavi liegt in bester **Innenstadtlage** inmitten Mumbais und so in einer der teuersten Gegenden der Stadt. Ausgleichswohnungen bekämen nur die Menschen, die sich vor 2001 angesiedelt haben. Alle anderen, und Dharavi ist nach wie vor ein starker Magnet für Wanderarbeiter und Landflüchtlinge, gingen leer aus. Jetzt hat ein Konzern, der von Herrscherfamilien der Arabischen Emirate mitfinanziert wird, den Auftrag bekommen, das Land auf dem Dharavi liegt, neu zu bebauen. Man kann nur hoffen, dass auch dieser erneute Versuch der **Vertreibung** im Sand verläuft.

2

Sind die Kasten-grenzen noch intakt und gibt es noch Unberührbare?

ALLE INDER SIND GLEICH. SO STEHT ES IN DER VERFASSUNG, DIE SEIT 1950 GILT. DOCH VOR ALLEM AUF DEM LAND GIBT DAS HIERARCHISCHE KASTENWESEN NOCH IMMER DAS LEBEN DER MENSCHEN VOR.

Man sollte annehmen, dass mittelalterliche Denkweisen, wie die der angeborenen Unreinheit, im modernen Indien keinen Platz mehr haben. Weit gefehlt. Diskriminierung und Unterdrückung der ganz unten stehenden **Dalit**, früher Unberührbare genannt, sind alltäglich und sorgen für brutale Lebensumstände. Rund 250 Millionen Menschen in Indien gehören zur Kaste der Dalit. Sie machen etwa ein Fünftel der Bevölkerung aus. Sie werden aus dem Kastensystem komplett ausgeschlossen und das erlaubt ihnen nur Tätigkeiten, die als unrein gelten. Alles, was mit Tod, Kot und Müll zu tun hat, ist ihr Metier.

GUT ZU WISSEN

Das Kastenwesen entstand nach der Invasion der Arier in der Zeit des Brahmanismus (1000 bis 500 v. Chr.). Die Brahmanen haben die hierarchische Ordnung in ihren heiligen Texten verankert und so religiös untermauert. Das Kastenwesen teilt in **vier Hauptkasten, die Varnas,** ein. An der Spitze stehen die Brahmanen, die Priester, gefolgt von den Kshatriyas, den Kriegern. Als dritte Hauptkaste folgen die Vaishyas, die Bauern und Händler, und am Ende stehen die Sudras, die Handwerker und Landpächter. Innerhalb der vier Hauptkasten existieren 3.000 **Unterkasten**, in die man hineingeboren wird. Diese Unterkasten geben den Beruf, Vorschriften zur Reinerhaltung der Kasten und die Beschränkung der PartnerInnenwahl auf Kastenzugehörige vor. Die Dalit stehen außerhalb dieser Systematik.

Seit über 2.000 Jahren sind die Dalit in diesem diskriminierenden System gefangen. Auch wenn die Zeiten vorbei sind, wo sich Dalit beim

Betreten eines Ortes durch das Schlagen einer Trommel ankündigen mussten, um Hochkastige nicht durch den zufälligen Anblick zu **verunreinigen**, so müssen sie weiterhin außerhalb des Dorfes leben, haben keinen Zugang zum Dorfbrunnen, werden am Betreten der Tempel gehindert und sind Tag für Tag Gewalt und **Ungerechtigkeit** ausgesetzt. Noch immer glauben Menschen, sie würden ihre Reinheit verlieren, wenn sie mit einem Dalit zu tun haben, murmeln Mantras und besprenkeln sich mit geweihtem Wasser.

Anders ist es in den Städten, wo sich alleine wegen der räumlichen Enge Ausgrenzung nicht konsequent durchsetzen lässt. Vor allem in der modernen Arbeitswelt haben sich die Grenzen aufgeweicht. Den Job bekommt der mit einer guten Qualifikation.

Grundlegendes hat die **Quotenpolitik** für Dalit und Stammesangehörige verändert, die nach der Unabhängigkeit in der indischen Gesetzgebung verankert wurde. 22,5 Prozent der Stellen im **Öffentlichen Dienst** und Zugang zu Universitäten waren nun für Dalit und Stammesangehörige reserviert. 1990 hat man die Quote um weitere 27 Prozent für niedere Kasten erhöht. Damals kam es zu landesweiten, gewaltsamen Massendemonstrationen, da befürchtet wurde, dass nur die niedere Kaste und nicht die Qualifikation über einen der begehrten Arbeitsplätze im öffentlichen Dienst entscheidet. Trotz zunehmender Durchlässigkeit in den Städten ist auch in Zukunft nicht mit einem Ende des Kastensystems zu rechnen.

GUT ZU WISSEN

Die weltweit größte Stammesbevölkerung, Adivasi genannt, lebt in Indien. 8,2 Prozent aller InderInnen, das sind etwa 90 Millionen Menschen, verteilen sich auf **698 Stämme**. Einige dieser Stämme sind auf wenige Angehörige zusammengeschrumpft, andere sind mehrere Millionen stark.

Ein Großteil der Adivasi leben in abgelegenen Berg- und Waldgebieten in Zentralindien und in den Regionen des nordöstlichen Himalayas. Sie ernähren sich von Jagd und Ackerbau, verehren **Naturgottheiten** und haben einen stark spirituellen Bezug zu ihrem Land.

In den Veden wird von Kämpfen der arischen Invasoren mit den indischen Ureinwohnern berichtet. Man versklavte die Besiegten und siedelte sie in Gettos an. Als unrein und unzivilisiert abgestempelt, lebten diese Vorfahren der Dalit am Rand der Gesellschaft. Andere Stammesgruppen zogen sich in unwegsame Gebiete zurück und konnten dadurch ihre **kulturelle Identität** bewahren. Erst die Briten haben mit ihrer Kolonialpolitik die Isolation beendet und Gebiete gerodet und Bodenschätze geplündert.

Heute kollidiert das moderne Indien mit der traditionellen Lebensweise der Adivasi. **Großprojekte** wie riesige Staudämme, gigantische Kohlekraftwerke und die Erschließung von Industriestandorten verdrängen die Adivasi heute. 15 Millionen wurden ohne angemessene Entschädigung und **Mitspracherecht** vertrieben, gesetzlich untermauert durch ein Landnahmegesetz aus der Kolonialzeit.

90 Prozent der Adivasi leben unter der Armutsgrenze. Sie landen oft in der Schuldknechtschaft oder die Armut treibt sie in die Städte, wo sie als ungelernte Arbeiter oder Haushaltskräfte schuften.

3

Wie leben die Gipsys* in Indien?

URSPRÜNGLICH KAMEN DIE SINTI UND ROMA AUS NORDINDIEN, BEVOR SIE SICH IN EUROPA IN ALLE HIMMELSRICHTUNGEN VERSTREUTEN UND IHRE URSPRÜNGLICHE KULTUR ALLMÄHLICH VERBLASSTE. NOCH IMMER IN NORDINDIEN ANSÄSSIG IST DER STAMM DER KALBELIA, DIE TRADITIONELL ALS *SCHLANGENFÄNGER* BEKANNT SIND UND DIE SCHLANGE ALS HEILIGES TIER VEREHREN.

Morya Sapera (*Sapera* heißt Schlange) ist Mitte 20 und eine echte Macherin. Sie ist eine **Kalbelia**, ein Stamm, der früher nomadisch umherzog und nun weitgehend sesshaft ist. Ihre Gemeinschaft hat sich nahe Puskhar niedergelassen, ein heiliger Ort im Bundesstaat Rajasthan. Da sie einer niedrigen Kaste zugerechnet wird, so Morya, wird sie nicht immer gut behandelt. Höherkastige nehmen keinen Tee und kein Essen von ihr an, da sie für jene als dreckig und unrein gilt. »Das war auch das Problem mit der letzten Lehrerin«, erzählt sie. »Als Brahmanin verbaten ihr ihre **Kastenregeln** den Umgang mit uns. Aber sie schlich sich sogar heimlich zu uns ins Camp, wenn es Probleme in den Familien gab. Wenn das herausgekommen wäre, hätte ihre Familie sie rausgeworfen.«

In den letzten zwei Jahren fand der Unterricht in Moryas Haus statt, denn die Kinder weigerten sich in die weiter entfernte Schule zu gehen. Jetzt haben sie es mit Spenden aus Europa geschafft, ein kleines Schulgebäude zu errichten. Endlich haben sie ein eigenes Schulhaus, auf das alle sehr stolz sind.

»Seit zwei Jahren ist ein neuer Lehrer da, einer von uns, mit analphabetischen Eltern und aus sehr armen Verhältnissen«, so Morya weiter. »Er hat in seiner freien Zeit Müll gesammelt, damit er sich Schulbücher kaufen konnte. Er hat richtig für seine **Bildung** geschuftet. Am Ende war er sogar an einer Universität und ist nun ausgebildeter Lehrer. Er ist den Kindern ein Beispiel dafür, dass man aus eigener Kraft viel schaffen kann. Und nun haben die Kinder zwei Stunden Unterricht pro Tag, an sechs Tagen in der Woche und lernen richtig schnell und viel.«

Moryas Mutter und ihre Oma waren Bettlerinnen. Doch dafür ist Morya zu stolz. Sie ist Tänzerin und gibt Tanzunterricht. Der **Tanz** der Kalbelia ist einzigartig. Die Frauen ahmen in ihren Tänzen mit filigranen und eleganten Armbewegungen die Bewegungen von Schlangen nach. Die fliegenden Röcke sind reich mit kleinen Spiegeln und bunten Fäden bestickt. Die Lieder dazu basieren auf ihren mythologischen und folkloristischen Geschichten. Dabei werden Lieder und Tänze spontan improvisiert und seit Generationen mündlich überliefert. 2010 wurden die Volkslieder und Tänze der Kalbelia von der **UNESCO** in die Liste des immateriellen Kulturerbes aufgenommen. Die reiche Kultur zu bewahren, ist für Morya wichtig. Umso mehr freut es sie, dass ihre sechsjährige Tochter die alten traditionellen Tänze und das Anfertigen der aufwendigen Stickereien lernen will.

Früher ließen die Männer des Stammes zur Musik von Holzblasinstrumenten, den Pungis, **Kobras** tanzen, während sich die Frauen dazu im Tanz bewegten. Doch mit dem Wildlife Act des Indischen Parlaments von 1972 war Schluss mit dem Fangen der Schlangen und das bedeutete das Ende ihres traditionellen Berufs. Hatte sich früher eine Kobra in ein Haus verirrt, rief man kurzerhand einen der Kalbelia. Die Schlange wurde eingefangen und unverletzt entfernt. Nun wird anderweitig Geld verdient, mit Handwerk, Aufführungen von Musik und Tänzen, mit dem Verkauf von Schmuck und bestickten Stoffen.

Selbstbewusst und stark wirkt Morya, wenn sie mit strahlenden Augen von ihrer Arbeit berichtet und stolz einen aufwendigen Perlenhalsschmuck und eine bestickte Decke zeigt. Immerhin konnte ihre Familie so viel Geld sparen, dass sie nun in einem **Steinhaus** wohnen können und nicht wie einige anderen der 100 Familien, die hier zusammenleben, noch unter Zelten aus Plastikplanen.

Und wie werden in der Community Konflikte gelöst? Ruft man die Polizei? »Manchmal wird die Polizei geholt. Aber wenn wir Ärger miteinander haben, wird das meist so gelöst, dass wir im **Kreis** zusammenkommen, Tee trinken und miteinander reden, bis das Problem gelöst ist.«

Wenn Morya mit fester Überzeugung sagt, sie würde auch die anderen lehren, nicht betteln zu gehen, sondern selbstständig zu werden, glaubt man ihr sofort. Sie hat das Zeug zum Vorbild. Ungewöhnlich ist auch die Rollenverteilung. Während Morya die Ernährerin ist, bleibt ihr Mann Dinesh zu Hause, kocht, kümmert sich um die Kinder und unterstützt seine Frau Morya nach ganzen Kräften.

Die Kalbaelia gehören zu den Stämmen, bei denen auf die fatale Praxis der Mitgift verzichtet wird und stattdessen ein **Brautpreis** an die Familie der Frau geht. Das erhöht den Wert und die Würde der Frauen, die es in Indien oft sehr schwer haben. Die Unabhängigkeit der Kalbelia-Frauen schafft **matriarchalische** Strukturen, in der die Frauen stark und selbstständig sind und die Männer sie unterstützen. Und mit einem Blick auf Morya kann man nur hoffen, dass sich diese Praxis in Indien verbreitet.

GUT ZU WISSEN

Während bei uns darüber diskutiert wird, ob SchülerInnen ein Tablet erhalten, fehlt es bei den Kalbelia an ganz simplen Dingen. Damit ihre reiche Kultur bewahrt werden kann, ist Bildung eines der Hauptanliegen. Dafür braucht es in der kleinen Schule mit ihrem ambitionierten Lehrer Material wie Papier, Stifte und Tafeln für die aufgeweckten Jungen und Mädchen. Wer das unterstützen will, spendet bitte über PayPal an: ourlittleproject-pushkar@gmail.com.

*Da die Kalbelia sich selbst als Gipsys bezeichnen, wurde der Ausdruck an dieser Stelle verwendet.

Ist mein indischer Teppich von Kinder-händen gewebt?

BENJAMIN PÜTTER, EXPERTE FÜR KINDERARBEIT IN INDIEN UND AUTOR DES BUCHES *KLEINE HÄNDE, GROSSER PROFIT*, ZUM THEMA KINDERARBEIT IN INDIEN.

»Indien ist das Land mit den meisten **Kinderarbeitern** weltweit. Ungefähr ein Drittel aller arbeitenden Kinder stammt aus Indien, das sind ungefähr **60 Millionen**. Sie arbeiten auf dem Bau und in der Landwirtschaft, als Müllsammler und in Steinbrüchen, in Restaurants und Webereien, in Autowerkstätten und in vielen anderen Bereichen mehr.

Doch welche Definition für Kinderarbeit gibt es? Ein Aktionsansatz dazu lautet: Ein Kind ist eine Person unter 15 Jahren, die nicht in die Schule gehen darf, weil sie arbeiten muss. Wenn diese Arbeit dann noch **ausbeuterisch** oder gesundheitsgefährdend ist, gehen Aktionsgruppen in Indien dagegen vor und diese können von deutschen Hilfswerken und Privatpersonen unterstützt werden.

Weitgehend unbekannt ist, dass die Hälfte aller deutschen **Grabsteine** aus Indien stammt und oft durch Kinder- und Sklavenarbeit hergestellt werden, aber das betrifft auch Natursteine für Häuser und Gärten und Pflastersteine. Auch **Teppiche** sind größtenteils durch Kinderarbeit hergestellt. Über die Hälfte aller Exportteppiche aus Indien gehen nach Deutschland. Unbekannt ist, dass **Räucherstäbchen** oft von Kindern hergestellt werden.

Ein Kinderarbeitsverbot ohne weitere Hilfe ist allerdings zynisch. Das ist, als würde man seinen Grabstein nicht mehr von Kinderhänden gefertigt haben wollen und gleichzeitig in Kauf nehmen, dass die Kinder in der Prostitution landen. Man muss ein Programm gegen Kinderarbeit entwickeln. Die wichtigsten Maßnahmen sind: **Schulbildung**, schulbegleitende Berufsausbildung und einkommensschaffende Maßnahmen für Eltern.

Und was kann man als Verbraucher dagegen tun? Wenn es Produkte mit einem Ohne-Kinderarbeit-hergestellt-**Siegel** gibt, sollte man zu diesen greifen. Diese Siegel gibt es zum Beispiel bei Grabsteinen und Teppichen. Diese Waren sollte man den preisgünstigen vorziehen.«

5

Wird Indien zum totalitären Überwachungsstaat?

INDIEN WIRD GERNE ALS GRÖSSTE DEMOKRATIE DER WELT BEZEICHNET. ZUNEHMENDE ANTIDEMOKRATISCHE TENDENZEN EBNEN ALLMÄHLICH DEN WEG IN EINEN ÜBERWACHUNGSSTAAT.

Bis in den letzten Winkel des Landes wurden zwischen 2009 und 2017 Fingerabdrücke, Iris-Scans, Fotos, Namen und Altersangaben erfasst. Aadhaar heißt die weltweit größte biometrische Datenbank, die mittlerweile die Daten fast aller Menschen Indiens gespeichert hat. War die Registrierung anfangs noch freiwillig, wurde sie unter der Modi-Regierung seit 2016 **verpflichtend**. Mit der zwölfstelligen Nummer, der die persönlichen Daten zugeordnet sind, kann nun jede Person ein Konto eröffnen, Handyverträge abschließen und Sozialleistungen wie Lebensmittelrationen beantragen. Das bedeutet im Umkehrschluss, dass dies ohne Registrierung nicht möglich ist. Bald schon soll die **weltweit größte Biometrie-Datenbank** auch mit persönlichen Gesundheitsdaten verknüpft werden. Inzwischen wächst die Sorge bei DatenschutzaktivistInnen und Menschenrechtsorganisationen wie Amnesty International oder Human Rights Watch, dass sich Indien in einen Überwachungsstaat wandelt.

Überwacht wird auch der öffentliche Raum. In Hyderabad sind laut dem britischen Softwareentwickler Comparitech **900.000 Kameras** aktiv, was bei 3,3 Millionen Menschen 83,3 Kameras auf 1.000 Menschen ergibt. Zum Vergleich kommen in Berlin 7,7 Kameras auf 1.000 EinwohnerInnen. Sicherheit ist das gängige Argument für die Überwachung im öffentlichen Raum. In Delhi sind die Angriffe auf Frauen allerdings trotz umfassender Überwachung mit einer halben Million Kameras nicht zurückgegangen, was aber auch an einer Zunahme von Anzeigen liegen könnte.

Das indische **Antiterrorgesetz UAPA** wird herangezogen, um mit der weitgefassten Definition von Terrorismus unliebsame KritikerInnen und AktivistInnen ins Visier zu nehmen. Besonders gerne wird das Gesetz in der Kaschmir-Region angewandt, um KritikerInnen wegzusperren. Das trifft StudentInnen genauso, wie JournalistInnen und BürgerrechtlerInnen. Das Gesetz ermöglicht es, Menschen ohne Anklage für 180 Tage zu inhaftieren. Aufsehen erregte die Inhaftierung des Oppositionspolitikers Arvind Kejriwal, der bis kurz vor Wahlbeginn am 19. April 2024 inhaftiert wurde. Er steht in einer Reihe mit anderen inhaftierten Parteikollegen, die das breite Bündnis APP gegen die Regierungspartei BJP und Modi anführen. Ihnen wird vorgeworfen, sie hätten **Schmiergelder** im Wert von 22 Millionen Euro angenommen. Sie wiederum werfen der Regierung vor, sie würde ihre politischen Gegner strategisch schwächen.

Jetzt wurde bekannt, dass 2017 große verschleierte Spenden an die BJP flossen. Und zwar von niemand geringerem als vom multinationalen Mischkonzern Adani Group, der im Bergbau, in den Medien und im Betrieb von Flughäfen aktiv ist. Der Gründer und Industriemogul Gautam Adani, noch vor kurzem der drittreichste Mann der Welt mit einem Vermögen von 126 Milliarden Dollar, gilt als enger Gefährte Modis. Besonders stark profitierte Adani von Modis Infrastrukturprojekten. Das US-amerikanische Investmentunternehmen Hindenburg Research veröffentlichte 2023, dass der Mischkonzern Adani Group den **größten Betrug der Wirtschaftsgeschichte** durch Bilanzfälschungen, Marktmanipulation und Überschuldung begangen hatte. Daraufhin sanken Adanis Ansehen und sein Vermögen um einen zweistelligen Milliardenbetrag.

Die Waage der Justitia gerät in eine Schieflage, denn RichterInnen und andere EntscheidungsträgerInnen sind immer häufiger BJP-konform. Auch der Polizeiapparat und die Bundesbehörden werden zunehmend politisiert und stehen unter dem Einfluss der BJP. Kritik gegen stark umstrittene Gesetze wie den Citizenship Amendment Act CAA wurde gewaltsam unterdrückt und Protestierende wurden massenhaft verhaftet.

Mit der Wiederwahl Modis 2024 muss damit gerechnet werden, dass antidemokratische Einschnitte zunehmen. Die **deutsche Politik** und der Handel schauen bei diesem Thema gerne weg und schwelgen lieber in Profitprognosen.

GUT ZU WISSEN

Der **Citizenship Amendment Act CAA** von 2019 erleichtert es religiösen Minderheiten aus Bangladesch, Pakistan und Afghanistan, die indische Staatsbürgerschaft zu bekommen. Allerdings werden MuslimInnen ausdrücklich von dieser Regelung ausgeschlossen. Das wird als Verstoß auf die säkulare Verfassung gesehen, die Benachteiligung aufgrund Religion ausschließt.

Die **National Register of Citizens NRC** ist eine Erfassung indischer BürgerInnen, die im Bundesstaat Assam leben. Hier müssen Dokumente vorgelegt werden, die beweisen, dass sie oder ihre Vorfahren vor dem Stichtag 24. März 1971 in Indien gelebt haben. Dies führte dazu, dass in Assam 1,9 Millionen Menschen staatenlos wurden. Aus Angst vor der landesweiten Anwendung des NRC kam es zu großen Protesten. Beide Gesetze zusammen, so die KritikerInnen, diskriminieren gezielt MuslimInnen. Während sie durch den NRC staatenlos würden, schließt der CAA sie von der Staatsbürgerschaft aus.

6

Schönheit in Indien: fair and lovely?

HELLE HAUT GILT NACH INDISCHEM EMPFINDEN ALS SCHÖNHEITSIDEAL. DAZU SOLLEN BLEICHCREMES VERHELFEN, DIE IN GANZ INDIEN GEKAUFT WERDEN.

Eine helle Haut gilt in Indien als Beleg für Wohlstand, Schönheit und Bildung. Das macht sich auch auf dem Hochzeitsmarkt bemerkbar. In **Heiratsanzeigen** sucht man ausdrücklich nach *fair*, also nach hellhäutigen PartnerInnen. Untermauert wird dies durch die Filmindustrie, die Bollywoodstars sind hellhäutig. Dunkelhäutige Menschen bekommen meist die Rolle der Bösewichter. Sie haben es auch abseits der glitzernden Filmwelt schwerer, Jobs zu finden.

Dunkle Hautfarbe wird schnell mit Armut und mangelnder Bildung assoziiert. Deshalb greift man zu **Bleichcremes**, um die eigene Haut heller zu machen und damit das Ansehen zu erhöhen.

Der Wahn zur hellen Haut hat geschichtliche Hintergründe. Die hellhäutigen **Arier**, die 2000 v. Chr. nach Indien einwanderten, begründeten das Kastensystem und stellten sich als Brahmanen, als Priesterkaste, an die Spitze der Gesellschaft. Dies wurde durch die blassen **Briten** untermauert und so hat sich die Annahme, Macht stehe mit heller Haut in Verbindung, kollektiv zementiert.

Auch Schönheitsoperationen wie Brustvergrößerungen werden in Indien immer beliebter, jedoch ist auch die Zahl von **Brustverkleinerungen** bei Männern rasant angestiegen. Die Kosten für solch einen Eingriff entsprechen einem durchschnittlichen Jahresgehalt in Indien.

GUT ZU WISSEN

Indien gilt übrigens als die Geburtsstätte der plastischen **Schönheitschirurgie**, jedoch aus der Not heraus: EhebrecherInnen, Kriegsgefangenen oder Kriminellen wurde als gängige Strafe die Nase verstümmelt. Es gibt Hinweise, dass um 600 v. Chr. die ersten Nasenkorrekturen mittels Transplantation von Knorpel- und Hautgewebe anderer Gesichtspartien durchgeführt wurden, um den Verstümmelten ein annähernd normales Erscheinungsbild zu ermöglichen.

Wie viel Armut gibt es in Indien?

INDIEN IST EIN LAND *EXTREMER GEGENSÄTZE*. AUF DER EINEN SEITE WACHSEN DIE ZAHLEN SUPERREICHER UND BERICHTE ÜBER BOOMENDE METROPOLEN WIE MUMBAI ODER BANGALORE, DOCH AUF DER ANDEREN SEITE STEHEN DIE VIELEN GESICHTER DER ARMUT.

Jeder Indienreisende wird mit ihnen konfrontiert, den Bildern der Armut. Menschen, die mit dreckigen Händen im Müll nach Verwertbarem und Essen wühlen, **abgemagerte BettlerInnen**, die ihre knochigen Hände nach ein paar Rupien ausstreckten, Menschen, die auf Gehwegen vor sich hinvegetieren. Dazu kommen die Millionen LandarbeiterInnen und in Schuldknechtschaft getriebene Kleinbauern, deren Familien **bittere Armut** und Hunger leiden. TagelöhnerInnen, Alte, Kranke und Landflüchtlinge.

Doch wenn es nach der indischen Regierung geht, kann gefeiert werden. Laut einem Bericht einer Denkfabrik der Regierung ist die Armut in den letzten neun Jahren zurückgegangen und steht jetzt statt bei 29 nur noch bei 11 Prozent des Bevölkerungsanteils. Das sind etwa 248 Millionen Menschen, die aus der Armut befreit wurden. Dabei wurde der Multidimensional Poverty Index (MPI) berücksichtigt, der 12 Indikatoren aus den Bereichen Gesundheit, Bildung und Lebensstandard bewertet. Indien hat zusätzlich die Indikatoren Muttergesundheit und Bankkonten hinzugefügt.

Doch stimmen diese Berechnungen und die erfreulichen Zahlen? Einige namhafte Ökonomen melden **Zweifel** an. Dafür sprechen auch die Ergebnisse des Welthunger-Index 2023 (WHI). Indien belegt hier Platz 111 von 125 Ländern. Mit einem WHI-Wert von 28,7 fällt Indien in die Schweregradkategorie **ernst**. In die Berechnung fließen Unterernährung, Wachstumsverzögerung und Kindersterblichkeit ein. Die indische Regierung wiederum zweifelte das Ergebnis an und verwies auf fehlerhafte Methoden der Berechnung.

8

Was ist das Besondere an den Sikh?

EIN KUNSTVOLL GEBUNDENER *TURBAN* IST DAS AUFFÄLLIGSTE MERKMAL DER SIKH. ES IST EINE FALSCHE ANNAHME, DASS DER TURBAN EIN ATTRIBUT DES HINDUISMUS IST, DIE SIKH HABEN EINE EIGENE RELIGION.

Gegründet wurde die Sikh-Religion von dem Wanderprediger Guru Nanak, der im 15. Jahrhundert im heutigen Pakistan geboren wurde. Im Gegensatz zum Hinduismus mit unzähligen GöttInnen glaubt die Sikh-Gemeinschaft nur an einen Gott. Nachdem das zehnte spirituelle Oberhaupt Anfang des 18. Jahrhunderts starb, übertrug man die Führerschaft an das heilige Buch der Sikh, den Guru Granth Sahib. Dieses Buch gilt nun als ewiger Guru und als Quelle göttlicher Inspiration. Wie die Hindus glauben auch die Sikh an Karma und Wiedergeburt. Nur durch gute Taten und starken Glauben könne man dem leidvollen Kreislauf der Wiedergeburt entkommen.

Zu den wichtigsten Grundsätzen der Sikh gehören die **Gleichheit** der Menschen, unabhängig von Glaube, Rasse, Geschlecht und sozialer Herkunft. Das war im hierarchisch strukturierten Indien eine Revolution. Sogar die Namensgebung war ein starker Kontrapunkt zur Hierarchisierung Indiens, wo sich die Kastenzugehörigkeit oft am Namen ablesen lässt. Bei den Sikh tragen die Männer den Nachnamen *Singh*, was **Löwe** bedeutet, und Frauen haben den Nachnamen *Kaur*, **Prinzessin**.

Männliche Sikh zeichnen sich durch die 5 Ks aus:

- **Kesh**: Ungeschnittenes Haar, das unter einem Turban getragen wird.
- **Kangha**: Einen Holzkamm für die Haarpflege und als Symbol für Reinheit.
- **Kirpan**: Einen Dolch als Symbol, Schwächeren beizustehen.
- **Kara**: Einen eisernen Armreif als Zeichen der Verbundenheit mit Gott
- **Kachera**: Eine knielange Unterhose als Zeichen der ehelichen Treue und Triebbeherrschung.

In den 1980er-Jahren wuchsen die Bestrebungen der Sikh nach einem eigenen Staat. Diese kulminierten 1984 in der Besetzung des **Goldenen Tempels** in Amritsar, dem heiligen Ort der Sikh. Der unabhängige Staat Khalistan wurde ausgerufen. Der indische Staat reagierte darauf mit der umstrittenen Militäroperation Blue Star. Hunderte Menschen verloren dabei ihr Leben, die meisten davon waren Zivilisten.

Als Folge wurde die Ministerpräsidentin **Indira Gandhi** von ihren beiden Sikh-Leibwächtern erschossen, was wiederum in Gewaltentladungen gegen die Sikh-Gemeinschaft gipfelte. Noch heute ist diese Militäraktion ein sensibles Thema in der indischen Politik.

Der Wunsch der Sikh nach einem unabhängigen Staat besteht weiterhin. Zwar ist es nur eine Minderheit, die für die Schaffung eines unabhängigen Staates **Khalistan** eintritt, die Sikh-Mehrheit fordert aber immerhin politische und religiöse Autonomie innerhalb Indiens.

Außerhalb Indiens, in der Diaspora der Sikh, lebt die Idee Khalistan wieder auf. Nachdem im Juni 2023 der Separatistenführer von *Khalistan Tiger Force*, Hardeep Singh Nijjar, in **Kanada** ermordet wurde, wurde der US-Zeitung *Washington Post* ein Video der Tat zugespielt. Das Video zeigt einen kaltblütig geplanten **Mord**. Unmittelbar darauf verdächtigt Premierminister Justin Trudeau die indische Regierung, darin verstrickt zu sein, es gäbe glaubwürdige Anschuldigungen. Ein indischer Diplomat wurde aus Kanada ausgewiesen, während Indien alle Anschuldigungen vehement abstritt und als Zeichen sämtliche Visaanträge aus Kanada für einige Zeit einstellte. Schließlich wurden drei verdächtige Inder in Kanada festgenommen, denen mehrere Morde zur Last gelegt werden. Verbindungen zur indischen Regierung werden geprüft.

GUT ZU WISSEN

Insgesamt gibt es etwa 25 Millionen Sikh, etwa 3 Millionen davon leben außerhalb Indiens. Die meisten wohnen in englischsprachigen Ländern, in Deutschland leben etwa 20.000 Sikh.

Da Sikh ihren Turban aus Glaubensgründen nicht ablegen wollen, aber im Polizeidienst arbeiten wollten, erlaubt Großbritannien den Dienst mit Turban. In Deutschland ist dies nicht möglich, auch wenn unter den deutschen Sikh die Polizei ein beliebter Arbeitgeber wäre.

Warum verlassen so viele junge InderInnen das Land?

ANUSTUP BANDYOPADHYAY STUDIERT BIOLOGIE UND KOMMT AUS KOLKATA. ER IST SEIT 2022 IN DEUTSCHLAND UND FORSCHT GERADE AM MAX-PLANCK-INSTITUT MIT MÄUSEN.

»Der Hauptgrund, warum junge Leute wie ich Indien verlassen, ist der Mangel an Geld für die Forschung. Dies ist eindeutig auf die Politik zurückzuführen. Die indische Regierung gibt entsetzlich viel Geld für unnötige Dinge wie Wahlkampagnen aus, und noch mehr geht durch Korruption verloren. Für Forschung und Entwicklung wird kaum etwas ausgegeben. Wir hatten zum Beispiel ein Stipendium namens **INSPIRE**, das sehr prestigeträchtig war und StudentInnen, die Naturwissenschaften studierten, von der High School bis zur Universität unterstützte. Dieses Programm war ein großer Anziehungspunkt für kluge Köpfe in der Grundlagenforschung. Aber vor Kurzem hat die Regierung dieses Programm eingestellt. Sie hat gemerkt, dass nicht mehr genug Mittel zur Verfügung waren, also wurde das Programm gestrichen. Das ergibt für mich keinen Sinn. INSPIRE war eines der wichtigsten Instrumente, um kluge Leute in die **Forschung** zu locken und das gibt es jetzt nicht mehr.

Bildung ist in Indien unglaublich teuer geworden. Wenn man von einer Ausbildung an den öffentlichen Instituten absieht, war diese schon immer teuer. Aber selbst, wenn man an die IITs oder ans IISc geht, das sind sehr angesehene, schwer zugängliche Institute in Indien, und davon gibt es eine ganze Reihe in Mumbai, Madras, Delhi, Kanpur usw., muss man immer noch etwa 4 bis 5 Lakhs – also etwa 4.000 bis 5.000 Euro – für ein zweijähriges Studium bezahlen. Wie können sich durchschnittliche InderInnen das leisten? Sie können es nicht und das schafft eine gesellschaftliche **Barriere**. Nur reiche Leute haben zukünftig noch Zugang zu besserer Bildung. Die DoktorandInnen-Stipendien sind extrem niedrig, vielleicht etwas höher als das Durchschnittsgehalt. Mit 35.000 Indischen Rupien im Monat, das sind rund 380 Euro, kann man beispielsweise in Mumbai nicht überleben. Das ist unmöglich.

Freies Denken und andere politische Ideologien sind an vielen Universitäten obsolet geworden. Die regierenden Parteien setzen **Marionetten-Vizekanzler** ein und treiben ihre Propaganda durch die Führer der StudentInnen-Vereinigungen an den Universitäten voran. Ich kenne viele Universitäten in meiner Stadt, an denen man sich an die Regeln der Gewerkschaftsführer der Regierungspartei halten muss, um das Semester zu bestehen oder überhaupt an der Universität zugelassen zu werden. Dadurch wird der eigentliche Sinn der Bildungseinrichtungen zerstört und ernsthafte StudentInnen haben die Nase voll davon.

Auch die jüngsten Ereignisse wie die Demonetisierung Indiens, die Einführung der Waren- und Dienstleistungssteuer GST und die Verschärfung der Einkommenssteuer haben dazu geführt, dass junge Menschen, die sich für Unternehmertum und Wirtschaft interessieren, lieber in freiere Märkte gehen, zum Beispiel in den **Nahen Osten**.

Abgesehen davon haben junge Leute wie ich nicht genug Vertrauen in die Regierung. Die Arbeitsplätze sind schlecht bezahlt und konzentrieren sich auf Städte wie Mumbai, Hyderabad, Bangalore, Delhi, Chennai und ein paar andere Städte. Die Infrastruktur ist unzureichend, das System ist einfach zu **korrupt** und die Regierung ist nur auf ihr eigenes Wohl bedacht, denkt aber nicht an die Menschen. Es gibt eine riesige Politik des Hasses, bei der die Regierung bestimmen will, wer mein Bruder ist und wer nicht, was ich essen darf, was ich anziehen soll und welche Sprache wir sprechen sollen. Es ist einfach ein Chaos.

Zusammenfassend lässt sich sagen, dass die meisten jungen Menschen weggehen: wegen der Korruption, der Einmischung der Politik in alles, der schlechten Gehälter (die Leute geben mehrere Tausend Euro für Studiengebühren aus und bekommen einen Job, in dem sie monatlich rund 300 Euro verdienen), der fehlenden Bewertung von Talenten und der fast fehlenden Vertretung der **Jugend** in der Politik.

Zudem habe ich das Gefühl, dass ich in Deutschland mehr Wertschätzung erfahre. Ich habe viele Möglichkeiten, das Land ist sicher, das Leben ist hier einfach vorhersehbarer als zu Hause, und ich bekomme ein existenzsicherndes Gehalt, das mir zum Leben und auch zum Sparen reicht.«

GUT ZU WISSEN

Das deutsch-indische Migrationsabkommen wurde 2022 beschlossen. Die Zuwanderung aus Indien wächst aber schon seit Jahren rasant. Ende 2023 lebten rund 246.000 indische Staatsangehörige in Deutschland, die überwiegend zum Studieren oder Arbeiten nach Deutschland kamen.

10

Wird Indien bald bargeld-frei?

VIELE MENSCHEN IN INDIEN SIND BETTELARM, DOCH BEIM BARGELDLOSEN BEZAHLEN IST DAS LAND VORREITER. RASANT VOLLZIEHT SICH DIESER TREND, DER 2016 FAHRT AUFNAHM.

Als Indien 2016 kurzerhand die 500er- und 1000er-Rupien-Banknoten für **ungültig** erklärte, sank die Menge an verfügbarem Bargeld fast auf 0 und das Land stand Kopf. Lange Schlangen bildeten sich vor den Banken, um Banknoten umzutauschen. Das Vertrauen in Bargeld schwand. Zuvor hatte die Regierung bereits eine einheitliche Schnittstelle für eine Umstellung auf **digitales Zahlen** entwickelt. Da außerdem festgelegt wurde, dass dieses digitale Bezahlen kostenlos sein sollte, wurde eine wesentliche Hürde in die Bargeldlosigkeit beseitigt. Heute ist Indien auf dem besten Weg, die erste große bargeldlose Volkswirtschaft zu werden.

Man mag sich verwundert die Augen reiben, doch selbst Centbeträge werden mittlerweile digital mit dem **Handy** bezahlt. Ob Chai oder Benzin, ob Rasur oder Sari. Von Bäumen, Mauern und in Läden baumeln Quellcodes für ein schnelles digitales Bezahlen. Vom kleinen Straßenhändler bis zum Weltkonzern, alle nehmen kritiklos an den bargeldlosen Bezahlsystemen teil. Firmen wie **Paytm** verdienen an der Kreditvergabe, an Datenhandel und an den Quellcode-Geräten für die Händler.

Während 2019 noch 70 Prozent des Handels cash umgesetzt wurde, sind es 2022 nur noch 27 Prozent. Die Regierung freut es, Steuereinnahmen sind gestiegen und Korruption ist gesunken. Und die Ausgabe einer jeden Rupie wird **getrackt**.

11 Ist Gandhi in Indien noch populär?

»INTOLERANZ IST SELBST EINE FORM VON GEWALT UND EIN HINDERNIS FÜR DIE ENTWICKLUNG EINES ECHTEN DEMOKRATISCHEN GEISTES.«

MAHATMA GANDHI (1869-1948)

Erinnern wir uns: Gandhi steht für das Prinzip des gewaltlosen Widerstands gegen die britische Kolonialmacht. Er führte das Land 1947 in die Unabhängigkeit. Legendär ist der **Salzmarsch**, ein Symbol gegen die hohe Steuerpolitik der Briten auf Salz, das sich die Menschen damals nicht mehr leisten konnten und das gerade im heißen Indien dringend benötigt wurde. Per Gesetz wurde die Salzgewinnung unter Strafe gestellt. 1930 wanderte Gandhi mit seinen WeggefährtInnen 400 Kilometer zum Arabischen Meer. Am Strand von Dandi, im Bundesstaat Gujarat, hob Gandhi einige Körner Salz auf und ließ sie auf den Sand herunterrieseln. Diese Geste wurde das **Protestsymbol** gegen das Salzmonopol der britischen Regierung.

Mit seinen Gefolgsleuten gelang ihm, was unmöglich schien. 1947 wurde Indien unabhängig, die Briten zogen ab. Doch der Jubel über den Rückzug der Kolonialmacht währte nur kurz, es kam zur Aufteilung des Landes in **Pakistan und Indien**, wogegen Gandhi sich stets ausgesprochen hatte.

Der letzte Vizekönig Indiens, Louis Mountbatten, kam 1947 zu dem Schluss, dass der Subkontinent geteilt werden müsse: In ein hinduistisches Indien unter der Führung von Jawaharlal Nehru, einen Mitstreiter Gandhis, und in einen muslimischen Staat, der Pakistan heißen sollte, mit Muhammad Ali Jinnah an der Spitze, dem Präsidenten der Muslimliga. Als es im Vorfeld der indischen Unabhängigkeit immer wieder zu **blutigen Unruhen** zwischen den Anhängern beider Religionen kam, schlug Gandhi vor, der Muslimliga in einem ungeteilten Indien die Führung zu überlassen. Das erzürnte fundamentale Hindus.

Auch die hinduistische Kongresspartei wollte sich keinem muslimischen Präsidenten unterwerfen und stimmte schließlich einer Teilung zu. Nehru wurde Indiens erster Ministerpräsident.

Bei den darauffolgenden Bewegungen der Menschenmassen – der Hindus aus dem nun pakistanischen Gebiet nach Indien und der indischen MuslimInnen ins zukünftige Pakistan – kam es zu Gewaltexzessen mit **einer Million Toten**. Gandhi, der gegen die Gewalt in einen Hungerstreik getreten war, konnte das Morden nur zwischenzeitlich stoppen. Seinen Traum von einem vereinten Indien musste er begraben, an seiner Idee vom friedlichen Zusammenleben der Religionen hielt er bis zum Schluss fest. Gandhi erlebte es nicht mehr, als die indische Verfassung in Kraft trat. Er wurde im Januar 1948 von dem fanatischen Hindu Nathuram Vinayak Godse ermordet.

Obwohl Gandhi selbst gläubiger Hindu war, befanden sich unter seinen Anhängern viele Muslime. In seine hinduistischen Gebete mischte er stets auch Verse aus dem Koran und buddhistische Gesänge. Mahatma, die große Seele, wie Gandhi von seinen Anhängern genannt wurde, der sich stets für **gewaltfreien Widerstand** einsetzte, wurde selbst ein Opfer von Gewalt. Der Mörder Godse war Mitglied des RSS, der ideologischen Kaderschmiede der Hindutva-Bewegung, aus deren Reihen zahlreiche Minister der BJP wie auch der Präsident Indiens, Narendra Modi, kamen. Radikale Köpfe im RSS und der BJP sehen Gandhi auch heute noch als Staatsfeind und heißen seine Ermordung gut, was öffentlich nicht allzu laut gesagt wird, dafür ist Gandhi auch knapp acht Jahrzehnte nach seinem Tod noch zu beliebt.

Doch was ist von Gandhis Geist im heutigen Indien noch übrig? Gandhi ist noch immer eine indische **Symbolfigur**, die auch die muslimfeindliche und hindu-nationale BJP so leicht nicht los wird. Sogar Modi selbst wirbt mit Gandhi. Aber nicht im Sinn eines toleranten Indiens, in dem alle Religionen gleichberechtigt ohne Ausgrenzung miteinander leben. Gandhis moralische Botschaften werden völlig ignoriert, er dient viel mehr als **Hygiene-Werbefigur** für die Säuberung der indischen Flüsse. Seine noch immer im indischen kollektiven Gedächtnis positive Heldenfigur wird von der indischen Regierung für eigene politische Zwecke herangezogen.

Wer blickt noch durch bei dem GöttInnen-gewusel?

KEINER. EINE GENAUE ANZAHL HINDUISTISCHER GÖTTINNEN GIBT ES NICHT. ZWISCHEN 3.000 UND 330 MILLIONEN SOLLEN ES SEIN. UNMÖGLICH, ALLE MIT NAMEN ZU KENNEN.

Entsprechend dem Wiedergeburtsglauben der Hindus inkarnieren sich auch die vielen Götter und Göttinnen mitsamt Nachkommen. So ist eine riesige unüberschaubare Schar entstanden. Shiva hat beispielsweise **108** Inkarnationen und Erscheinungsformen. Er heißt dann Nilkantha, Nataraja oder Pashupatinath.

Außerdem gibt es unzählige regionale GöttInnen und welche, die nur in bestimmten Stammeskulturen verehrt werden. Der Hinduismus ist streng genommen keine Religion, sondern vielmehr ein Sammelsurium unterschiedlichster Strömungen. Die Grundlage des Hinduismus basiert auf der Vorstellung von **Reinkarnation**, in der die unsterbliche Seele viele Wiedergeburten durchläuft, bis sie Erlösung findet. Der Erlösungsgedanke gründet sich auf der Verschmelzung der individuellen Seele Atman mit der universellen Weltseele Brahman. Das Individuum kann durch seine Taten Einfluss nehmen. Die Seele kann sich also in jedem Leben vorwärts aber auch zurück entwickeln, sogar eine Wiedergeburt als Tier ist möglich. Jeder Mensch ist mit all seinen Eigenschaften und Lebensbedingungen, wie seiner Geburt in einer bestimmten Kaste, immer Resultat seiner Taten vorangegangener Leben. Daraus entsteht eine fatalistische Grundhaltung, denn die eigene Situation wird als selbstverursacht und unabwendbar hingenommen.

Generell ist der Hinduismus ein sehr offenes System, das auch Buddha oder Jesus ohne Weiteres integrieren kann. Diese werden eher als Avatare gesehen, also als Gottes direkte Verkörperung in menschlicher Form.

Generell kann sich jeder seine **Lieblingsgottheit** selbst aussuchen. Shivaiten verehren den Gott Shiva, andere wählen den Affengott Hanuman, den elefantenköpfigen Ganesha oder eine der Göttinnen wie Lakshmi, Durga oder Saraswati.

Gläubige Hindus, sie machen etwa 80 Prozent aller InderInnen aus, können sich überall kleine Tempel und Schreine errichten. Wird ein

Stein orange bemalt und gilt als Affengott Hanuman, ist schon ein Ort der Verehrung entstanden, für alle offen zugänglich.

Ohnehin wird Gott in allem und jedem gesehen. Ob Stein, Tier, Mensch oder Pflanze, alles trägt Göttlichkeit in sich. Und diese will gefeiert werden. Religiöse **Feste** und Riten können archaisch sein. Manche ziehen sich sogar über Tage oder Wochen hin. Bei Thaipusam treiben sich Männer Stahlhaken unter die Haut an Rücken oder Brust und tragen schwere bunte Statuen der Gottheiten auf Metallgestellen stundenlang durch die glühende Hitze. Manche stechen sich Spieße durch die Wangen und die Zunge. Viele Feste werden mit lauter Trommelmusik begleitet, zu der sich Männer mit nacktem Oberkörper in **Ekstase** tanzen. Meist geht es wild, bunt und vor allen Dingen laut zu. Die hinduistischen Feste sind ein Erlebnis, das sich niemand entgehen lassen sollte.

Die Gottheiten werden inbrünstig geliebt. Man sieht ihre Abbilder nicht nur in den Tempeln oder an heimischen Altären, sondern auch auf Alltagsgegenständen wie Streichholzbriefchen, als Bilder auf LKWs oder auf Rikschas. Beliebt sind die Götter auch bei der **Namenswahl** für den Nachwuchs. Unzählige Rams, Sitas und Krishnas sind im Land unterwegs.

Jede Stadt hat zahlreiche Tempel, viele von ihnen sind beeindruckende Bauwerke unterschiedlichster Epochen. Im Süden sind die Tempelgebäude farbig und deren Türme mit farbenprächtigen Skulpturen bestückt. Besonders beeindruckend ist der **Meenakshi Tempel** in Madurai. 4.500 Säulen und 12 Tempeltürme befinden sich in diesem Tempelkomplex. Der größte Tempel Indiens steht in Trichy. 21 Tempeltürme mit bis zu 73 Metern Höhe ragen hier in den Himmel. In Nordindien sind die Tempeltürme konisch zulaufend und erinnern an einen Bienenstock. Der höchste Shiva-Tempel Indiens liegt auf 3.800 Metern Höhe. Von Tunath aus hat man eine wunderschöne Sicht auf das Himalaya-Gebirge.

Sehr bekannt ist die Tempelanlage in Khajuraho mit erotischen Darstellungen aus dem **Kamasutra**. Die Tempel sind über 1.000 Jahre alt; von den ursprünglich 85 Tempeln sind noch 22 erhalten geblieben. Im Tempel selbst, der nach ganz genauen kosmologischen Aspekten gebaut ist, befindet sich die Hauptgottheit in einem Schrein, der manchmal für Nicht-Hindus unzugänglich ist. Die Gläubigen stehen oft lange an, um dann einen Blick auf die Gottheit zu werfen und sich gesegnet zu fühlen. Hält der Priester nach Rezitationen heiliger Verse eine brennende Öllampe in die Menge, strecken Gläubige die Hände zur gesegneten **Flamme** aus, um sie sich dann symbolisch über das Gesicht zu streifen. Immer wird auch etwas Geld bei einem der Priester gelassen, die sehr oft häufig mehr an blankem Mammon als an Segnung interessiert zu sein scheinen.

Rituelle Handlungen sind in den meisten hinduistischen Familien fester Bestandteil des Alltags und die Gottheit wird am **Hausaltar** verehrt. Man bringt Blumen dar, entzündet Räucherstäbchen und rezitiert Lieder oder Gebete.

Pilgern ist ein weiteres wichtiges Element der religiösen Praxis. **Pilgerfahrten** zu bestimmten Orten setzen Millionen InderInnen in Bewegung.

GUT ZU WISSEN

Da indische Gottheiten ohnehin in der Überzahl sind, ist es gut, die wichtigsten von ihnen zu kennen.

Brahma: Der Erschaffer der Welt. Im Gegensatz zu den zahlreichen Tempeln anderer Gottheiten gibt es nur einen Brahma-Tempel in Pushkar. Dargestellt wird er selten, wenn dann meist mit vier Gesichtern, die in unterschiedliche Himmelsrichtungen blicken.

Shiva: Er steht für das reine Bewusstsein. Je nach Inkarnation hat er unterschiedliche Rollen inne. Als tanzender Nataraja mit seinem Feuerrad gilt er als Zerstörer und zugleich als Erneuerer der Welt. Nur mit einem Leopardenfell bekleidet ist er als Pashupatinath Freund der Tiere und asketischer Meditierender.

Krishna: Zu erkennen an seiner blauen Hautfarbe und an einer Flöte. Eine beliebte Darstellung zeigt, wie sich der als Hirtenjunge aufgewachsene Gott mit den Kleidern badender Mädchen davonstiehlt, die ihn allesamt verehren. Seine Liebe gewinnt Radha, eine Inkarnation Lakshmis.

Hanuman: Ein Affengott, der als schlau, sanftmütig und stark im Epos ***Ramayana*** beschrieben wird. Durch seine Hilfe wurde die entführte Sita, Gattin von Rama, befreit. Er ist der Gott der Ringer und Athleten.

Ganesha: Ein elefantenköpfiger Gott, der Hindernisse aus dem Weg räumt. Als glücksbringender Gott erfreut er sich großer Beliebtheit.

Durga: Sie steht für Stärke und Mut, reitet auf einem Löwen oder Tiger.

Kali: Blutrünstig und grausam erscheint die schwarze nackte Göttin mit einem Rock aus abgeschlagenen Köpfen. Sie gilt als Göttin der Zerstörung, aber auch als Erlöserin, die von Unwissenheit und Bindungen befreit den Weg zur Erlösung ebnet.

Lakshmi: Eine der beliebtesten Göttinnen. Aus ihren Händen fließt eine endlose Flut von Goldmünzen. Sie wird häufig mit zwei weißen Elefanten dargestellt, sitzend auf einer Lotusblume. Göttin der Fülle, der Schönheit und des Glücks.

Saraswati: Göttin der Weisheit und der Künste. Sie wird mit einer Sitar oder einem Federhalter dargestellt.

13

Gibt es in Indien Atheist-Innen?

LAUT DER INDISCHEN VERFASSUNG SIND ALLE BÜRGERINNEN INDIENS AUFGERUFEN, »WISSENSCHAFTLICHES VERSTÄNDNIS, HUMANISMUS UND REFORMGEIST ZU FÖRDERN UND ZU ENTWICKELN«. IN DER REALITÄT DES LANDES IST EINE ABKEHR VON RELIGION EIN KULTURELLES TABU.

Indien gilt als tief religiöses Land. Sogar zwei Weltreligionen sind hier entstanden, der Hinduismus und der Buddhismus. Daneben gibt es MuslimInnen, ChristInnen, ParsInnen, Jains, Sikhs und AnhängerInnen von Naturreligionen. Und es gibt etwa **drei Millionen AtheistInnen** unter 1,4 Milliarden Gläubigen. Manchmal sorgen ihre aufklärerischen Aktionen für einen Riesenwirbel.

In einem Vorort Mumbais war eine Kirche zum gut besuchten Pilgerort geworden. Hier weinte Jesus am Kreuz, ein echtes katholisches **Wunder**! Aufsehen erregte 2012 Sanal Edamaruku, der Gründer der International Rationalist Association. Er fand heraus, dass nicht Jesus weinte, sondern ein Abfluss verstopft war und über Kapillarkräfte das Abwasser aus dem Holz tropfte. Doch anstatt Ruhm zu ernten, musste er ins Exil nach Finnland fliehen, wo er seitdem lebt. Zu gefährlich war das Leben in Indien geworden. Mindestens vier prominente Rationalisten sind in den letzten Jahren **ermordet** worden.

GUT ZU WISSEN

Vor allem auf dem Land ist der **Aberglaube** verbreitet. Es gibt harmlose Varianten, wie das Zerbrechen einer Kokosnuss als glücksbringendes Ritual bei der Eröffnung eines neuen Geschäfts oder das Anbringen von Limonen und Chilis als Amulette an den Stoßstangen der Autos. Manchmal aber endet der Aberglaube tödlich. Da werden Schuldige für Missernten und Unglück gesucht und zu oft heißt es, Hexerei und schwarze Magie seien Schuld.

Atheistische Organisationen veranstalten neben Konferenzen und Tagungen auch **Magic Shows.** Diese enttarnen vermeintlich religiöse Wunder und übernatürliche Fähigkeiten als raffinierte Zaubertricks.

Warum werden in Indien Leichen öffentlich verbrannt?

WER EINMAL AN DEN UFERN DES GANGES IN BENARES, DEM FRÜHEREN VARANASI, STEHT UND ZUSIEHT, WIE LEICHEN DEM FEUER ANHEIMFALLEN, DEM WIRD BEWUSST, WIE SEHR UNSERE GESELLSCHAFT DEN TOD AUSKLAMMERT. UND ER WIRD NIEMALS VERGESSEN, WIE VERBRANNTES MENSCHENFLEISCH RIECHT.

Als gäbe es ihn nicht, den **Tod**. Ausgeklammert und ausgesperrt vom modernen westlichen Leben fristet er ein merkwürdiges Dasein. War er im Mittelalter noch überpräsent und gehörte zum Leben dazu, will man heute nichts mit ihm zu tun haben. Anders in Indien. Hier werden Hindus öffentlich verbrannt, auch wenn immer mehr Krematorien nach modernen Gesichtspunkten dazu kommen.

Das Ritual der **Verbrennung** eines Toten folgt strikten Abläufen. Unter der Anrufung Gottes, in diesem Fall Rams, wird mit lauten Rezitationen »**Ram Nam Satya Hai**« (»**Der Name Ram ist Wahrheit**«) der Leichnam auf einer Bahre und unter glitzernden Tüchern zur Verbrennungsstätte getragen. Da die Anzahl der Feuerstellen am Ganges begrenzt ist, liegen die Leichen auf ihrer mit Blumen verzierten Bahre am Ufer, während Angehörige den Holzpreis aushandeln. 300 bis 350 Kilogramm **Brennholz** benötigt eine vollständige Verbrennung und jährlich werden dafür etwa 50 bis 60 Millionen Bäume in Indien benötigt.

Die Verbrennung am Ganges gilt als Ende des Kreislaufs der Wiedergeburt und als Befreiung der Seele. Wer es sich leisten kann, nimmt Sandelholz hinzu, zum einen, um den **Geruch** des verbrennenden Fleischs zu überdecken und zum anderen wegen seiner Bedeutung als heiliges Holz. Da arme Familien sich das Holz oft nicht leisten können, werden nicht selten halb verbrannte Körper dem Ganges übergeben. Nicht verbrannt und direkt in den heiligen Fluss versenkt werden mit Steinen beschwert Kinder, Schwangere, Sadhus, Leprakranke und an einem

Schlangenbiss Verstorbene. Deren Seelen gelten als rein und sie erreichen die Befreiung, also Moksha, auch ohne die reinigende Kraft des Feuers.

Manchmal treiben deren **Wasserleichen** auf der Oberfläche des Ganges. Das scheint niemanden beim heiligen Bad oder beim Zähneputzen groß zu stören. Zu selbstverständlich ist hier in Benares der Tod. Seit Ewigkeiten brennen die Todesfeuer an den Ufern des Ganges. Allein am Manikarnika Ghat verbrennen 20.000 bis 30.000 Tote pro Jahr.

Es gibt eine Kaste, die der **Dom**, die für den gesamten Ablauf des Totenkults zuständig ist. Und obwohl es diese Kaste so dringend braucht, gilt sie als unrein und steht hierarchisch weit unten.

Traditionell gesehen braucht es zudem einen Sohn, der das Feuer entzündet und bestimmte Mantras rezitiert. Das soll einen friedlichen Übergang der Seele gewährleisten. Frauen dürfen anwesend sein, aber die Verbrennungsplattform nicht betreten. Da zu viel Trauer die Seele an das weltliche Dasein bindet, gibt es **kein Wehklagen** wie in manch anderen Traditionen. Nach der Verbrennung, die um die drei Stunden dauert, werden die Überreste, also Asche und Knochenreste, dem Ganges übergeben. Dies wird als ein Akt der spirituellen Reinigung und Befreiung angesehen. An den Knochenresten erfreuen sich herumstreunende Hunde, die am Ufer liegend an den Knochen nagen, während Kühe und Ziegen die übrig gebliebenen Blumen verzehren. In der Nähe angeln arme Jungen mit **Magneten** nach Goldzähnen und Schmuck.

GUT ZU WISSEN

Wundern Sie sich nicht, wenn Sie eine Leiche auf ein Autodach geschnallt sehen. Irgendwie muss sie ja zur Verbrennungsstätte kommen. Im klimatisch heißen Indien ist eine Feuerbestattung schneller und hygienischer. Zwar ist die Feuerbestattung der Hindus in Indien weit verbreitet, doch MuslimInnen und ChristInnen bevorzugen Erdbestattungen.

Bizarr mutet die Todeskultur der ParsInnen an. Auf einem **Tower of Silence** einer erhöhten Plattform, werden die Leichen den Vögeln überlassen. Ohne mit den groben Elementen in Kontakt zu treten, soll so die

Reinheit gewahrt werden. Früher aßen **Geier** die Leichen auf den Türmen des Schweigens, doch die sind inzwischen fast ausgerottet. Gestorben sind die Aasfresser durch den Einsatz des entzündungshemmenden Medikaments **Diclofenac**. In den 1990er-Jahren wurde das Mittel für die Kühe verbreitet eingesetzt, um Euter- und Hufentzündungen entgegenzuwirken. Deren Kadaver wurden aber nun für Raubvögel tödlich, denn Diclofenac führt bei ihnen zum Nierenversagen. Von einst 80 Millionen Geiern sind nur noch wenige übrig geblieben. Jetzt werden Maßnahmen ergriffen, um den Einsatz von Diclofenac zu beschränken und Schutzgebiete für Geier einzurichten.

15

Wer sind die Männer im orangen Wickelrock?

SADHUS SIND INDISCHE MÖNCHE. WÄHREND DIE MEISTEN IN ORANGES WICKELTUCH GEKLEIDET SIND, ZIEHEN ES ANDERE VOR, NACKT, MIT ASCHE BESCHMIERT UND MIT DREIZACK IN DER HAND IHR ZIEL ZU VERFOLGEN, DAS NICHTS GERINGERES ALS DIE ERLEUCHTUNG IST.

Wie dieses Ziel der Erleuchtung, also der Einswerdung mit Gott und dem Beenden des Kreislaufs der Wiedergeburten verfolgt wird, kann ganz unterschiedlich aussehen. Streng genommen dürfen die Sadhus keinerlei Besitz haben, entsagen dem weltlichen Dasein und betreiben harte **Askese** und Meditation. Zunächst geht man 12 Jahre in eine Art Unterweisung bei einem Guru. In dieser Zeit bleibt das Haar ungeschnitten und je nach Guru kann der Weg ein streng asketischer sein.

Es gibt Sadhus, die in eisigen Höhen im Himalaya auf Dornen meditieren, andere durchleben selbstauferlegte Qualen wie Hitze, Kälte, Hunger und Durst, wieder andere gehen nur rückwärts oder stehen auf einem Bein. Manche haben dadurch schon bizarre **Weltrekorde** aufgestellt, wie jahrelanges Stehen auf einem Bein oder jahrzehntelanges Hochhalten eines Armes, der dann verknöchert und hart wie ein Ast wird. Wer diese Schmerzen auf sich nimmt, der muss es sehr ernst meinen mit der Erleuchtung.

Nicht ganz so ernst meinen es unzählige **Bettler**, die sich in oranges Tuch hüllen und das Mönch-Outfit als Bettlermontur nutzen. Streng genommen darf ein Sadhu nicht betteln, er soll von dem leben, was ihm freiwillig gegeben wird.

Nie länger als drei Tage soll ein Sadhu an einem Ort weilen, um den Geist flexibel und wach zu halten. Weil das Leben als wandernder Bettelmönch auf Dauer sehr beschwerlich ist, haben sich viele Sadhus sesshaften Gurus angeschlossen und leben mit ihnen oder in ihrer Nähe. Ein **Guru** gilt als einer, der die Erleuchtung bereits realisiert hat und Wissen weitergibt. Es gibt Gurus mit einem oder nur wenigen Schülern, andere haben Millionen in ihrer Gefolgschaft. Um die Gurus herum bilden sich Ashrams, das sind klosterähnliche Orte. Noch heute sind die Ashrams von Sivananda, Ramana Maharshi oder Baghwan auch lange nach ihrem Tod gut besuchte Orte für spirituelle Gläubige, denn die Energie und spirituelle Kraft des Gurus besteht auch nach dessen irdischem Ableben.

Glücklich schätzen sich jene, die ihren Guru zu dessen Lebzeit treffen. Ein Guru muss übrigens nicht unmittelbar menschlich sein. Ramana Mahashi etwa, machte sich 1896 als Teenager zum heiligen Berg Arunachala in Tamil Nadu auf, den er als Guru verehrte. Dort versank er einige Wochen im sogenannten **Samadhi**. So wird der Zustand beschrieben, in dem sich das Ich-Bewusstsein auflöst und mit dem kosmischen Bewusstsein verschmilzt. Zeit seines Lebens lebte er auf und später am Fuß des Bergs als ein bescheidener und gütiger Mensch, der heute als Begründer der sogenannten Self Inquiry, also der Selbstbefragung, gilt. Durch die Frage »Wer ist derjenige, der diesen Gedanken denkt, der diese Empfindung oder jenes Gefühl spürt?« kollabiert der Geist. So kann der Mensch das **reine Bewusstsein** erfahren, jenseits seines Ich-Bewusstseins.

Das hinduistische Ideal sieht vor, die letzte Lebensphase der spirituellen Suche zu widmen. Insgesamt sind es um die fünf Millionen der insgesamt 1,4 Milliarden InderInnen, die das Leben als Mönch der weltlichen Existenz vorziehen. Sadhu kann jeder werden, ganz unabhängig von Herkunft oder Kaste. Sogar Frauen, wenn auch selten. Zwar wird ihnen dieser Weg nicht grundsätzlich verwehrt, dennoch gibt es nur wenige weibliche Sadhus.

Aufsehen erregen die Sadhus bei den **Kumbh Melas**, religiösen Festen mit bis zu 100 Millionen Menschen. Regelmäßig kommt es dann zu Kämpfen einiger wilden Orden, da jeder für sich das erste Bad nach genau berechneten, glücksverheißenden Tagen in Anspruch nimmt. Bilder von nackten, aschebeschmierten, rastahaarigen Männern gehen dann um die Welt.

GUT ZU WISSEN

Keine Angst vor Sadhus! Sie freuen sich in der Regel über Interesse und ein Gespräch. Viele von ihnen sind beeindruckende Menschen mit leuchtenden Augen, einer Menge Humor und tiefem Wissen um die Geheimnisse des Lebens. Doch lernen Sie zu unterscheiden, wer es ernst meint und wer es auf das schnelle Geld abgesehen hat.

Was ist das für ein phallisches Symbol, das die Hindus anbeten?

EINES DER MEISTVEREHRTEN HEILIGTÜMER IN INDIEN IST DER STEINERNE SHIVA LINGAM. AUCH WENN IM WESTLICHEN NEOTANTRA DER BEGRIFF LINGAM FÜR PENIS GEBRAUCHT WIRD, WIRD HIER KEINE PHALLUSVEREHRUNG KULTIVIERT.

Jeder Reisende wird sie in Tempeln und heimischen Schreinen, unter heiligen Bäumen oder mitten in der Natur entdecken, die **Shiva Lingams**. Es gibt abertausende dieser Lingams, handgefertigt oder naturgeformt, in allen Größen und aus verschiedenen Materialien. In den Höhen des Himalayas gibt es sogar einen aus Eis, der sich zyklisch zu einer Eissäule ausbildet und bei Tauwetter wieder verschwindet.

Die phallusartigen Symbole sind meist aus schwarzem Dolorit gefertigt und stehen in einer **Yoni**, einer flachen Schale, die eng zuläuft. Doch genauso wenig, wie es sich bei der Lingam-Verehrung um einen schrägen Peniskult handelt, wird hier nicht das weibliche Geschlecht verehrt, sondern das weibliche Prinzip des Göttlichen.

Begleitet von Rezitationen uralter Sanskrit-Verse werden Butterfett, Wasser oder Milch über die Lingams gegossen und von den Yonis aufgefangen und abgeleitet. Die Lingam-Verehrung geht mindestens in die vedische Zeit (ca. 1500 bis 500 v. Chr.) zurück.

Shiva und Shakti, das männliche und das weibliche göttliche Prinzip, sind hier untrennbar miteinander vereint. Während Shiva für das reine kosmische Bewusstsein steht, verkörpert Shakti die kreierende Kraft hinter aller Existenz. Dieses Konzept steht für die grundlegenden Kräfte der Existenz und erinnert an die **Einheit aller Dinge**.

GUT ZU WISSEN

In der Malerei und auf bunt gedruckten Heiligenbildchen wird eine Person dargestellt, die zur Hälfte männlich zur anderen weiblich ist. **Ardhanarishvara** genannt verkörpert sie das Prinzip von Shiva und Shakti.

17

Trinkt man in Indien den Urin von Kühen?

KUH-URIN GILT VIELEN HINDUS ALS HEILENDER TRUNK UND WUNDERMITTEL. ES GIBT SOGAR LIMONADEN MIT KUH-URIN, DIE ALS ERFRISCHUNGSGETRÄNK ANGEPRIESEN WERDEN.

In der alten traditionellen Heilslehre Ayurveda gelten Kuh-Urin und Kuh-Dung als heilsam. Die Wurzeln des Ayurveda reichen mehr als 2.000 Jahre zurück und die Heilslehre ist noch immer beliebt. 77 Prozent der InderInnen greifen auf die Mittel und Anwendungen des **Ayurveda** zurück. Das sorgt für klingende Kassen bei Unternehmen wie Patanjali, mit über einer Milliarde Dollar Jahresumsatz und 30.000 Mitarbeitern. Patanjali verkauft ein Medikament mit abgefülltem Kuh-Urin für etwa 60 Euro. Es soll helfen, Ekzeme zu heilen und Diabetes sowie Krebs zu kontrollieren.

Während der verheerenden zweiten Covid-19-Welle in Indien rieten mehrere ParlamentarierInnen der regierenden BJP dazu, Kuh-Urin zu **trinken**, um eine Ansteckung mit dem Virus zu vermeiden. Schockiert dürften die Urin-Trinkenden vom Ergebnis einer Untersuchung des indischen Veterinärforschungsinstitut IVRI gewesen sein. Urinproben von gesunden Kühen wiesen 14 Arten von schädlichen Bakterien auf. Das Magenprobleme verursachende Bakterium *Escherichia coli* wurde am häufigsten nachgewiesen. Außerdem galt es in der Ayurveda-Lehre als schützend, sich am ganzen Körper mit **Kuh-Dung** und -Urin einzureiben. ExpertInnen vermuten einen Zusammenhang zwischen dem Anstieg der Mukormykose, einer Pilzinfektion, und der Verwendung von Kuh-Mist während der zweiten Welle der Corona-Pandemie in Indien.

GUT ZU WISSEN

Kuh-Urin ist um ein Vielfaches teurer als Milch. In Indien kostet ein Liter Kuh-Urin etwa 300 Rupien, Milch hingegen 50 Rupien. Online zu bestellen gibt es 100 Mililiter für saftige 10 Euro.

18

Warum ist der Ganges heilig?

DER GANGES IST KEIN FLUSS, ER IST UNSERE MUTTER, SAGEN GLÄUBIGE HINDUS. DER GANGES IST KEIN FLUSS, ER IST EINE KLOAKE, SAGEN WASSERINGENIEURINNEN.

Der Ganges wird als Mutter, sogar als Göttin, verehrt und wird **Ganga Mata** genannt. Eine der bekanntesten Geschichten ist folgende: Vor langer Zeit trocknete die Erde aus und alles Leben drohte zu erlöschen. Die einzige Möglichkeit, das Unheil abzuwenden, sah der herrschende König Bhagiratha darin, die Götter einen himmlischen Strom auf die Erde schicken zu lassen. Tausend Jahre betete er, dass Ganga, die Göttin der Fruchtbarkeit, auf die Erde komme und Wasser bringe. Ihre Kraft war allerdings zu stark für die Erde und so teilte der **Gott Shiva** mit seinem Haar das herabstürzende Wasser in sieben Ströme. Der Heiligste unter den sieben Flüssen ist Ganga, also der Ganges.

Ein Schluck des heiligen Wassers soll Krankheiten heilen, ein Bad im Ganges soll alle Sünden tilgen. Und wer nach dem Ableben am Ganges-Ufer verbrannt wird, der soll aus dem **Rad der Wiedergeburt** erlöst sein und direkt Moksha, die Befreiung, erfahren.

Millionen **PilgerInnen** reisen zu den Ufern des Ganges, tauchen unter, beten und übergeben Blätterschiffchen mit brennenden Kerzen und Blumen. Die größte Versammlung findet während der **Kumbh Melas** an seinen Ufern statt, wenn bis zu 100 Millionen Menschen ein Bad im Ganges nehmen.

Man könnte annehmen, dass der als Mutter verehrte Fluss im Mutterkultland Indien sehr gut umsorgt wird. Doch leider ist Mutter Ganga einer der **meistverschmutzten** Flüsse der Welt. Gifte aus der Industrie und von Atomreaktoren, Pestizide aus der Landwirtschaft und ungeklärte Abwässer aus Millionen Haushalten verseuchen das Wasser, in dem gebadet, sich gewaschen und das getrunken wird.

19

Ist in Indien eine Kuh mehr wert als ein Mensch?

INDIENS KÜHE SIND HEILIG, DAS IST ALLGEMEIN BEKANNT. UNBEKANNT DAGEGEN IST, DASS DIESER UMSTAND BIZARRE BLÜTEN TREIBT.

Die Heiligkeit der Kuh hat in Indien eine lange Tradition. Bereits in den Veden, den heiligen Schriften der Hindus, wird davon berichtet. Die Kuh gilt als Mutter Millionen indischer GöttInnen und soll Wünsche erfüllen. Sie zu füttern und sie zu berühren gilt als **glücksverheißend**.

Seit Narendra Modi mit der BJP an der Regierung ist, wird dieser Glaube gefördert und instrumentalisiert. Vor allem in den BJP-regierten Bundesstaaten gelten strenge Gesetze für den Schutz der Kuh. Rindfleischkonsum ist dort streng verboten und auf das Schlachten einer Kuh stehen **hohe Strafen**. Vor allem arme Schichten, MuslimInnen und ChristInnen essen Rindfleisch, das in Indien wesentlich günstiger ist als Hühnerfleisch. Da die BJP ihre Popularität weiter ausbauen und alle Hindus hinter sich scharen will, braucht es einen gemeinsamen Feind, und das sind die MuslimInnen. Ein Indien, das nach den Vorstellungen des Hinduismus ausgerichtet ist und sich an die Mehrheit der 80 Prozent Hindus der 1,4 Milliarden InderInnen richtet, wird angestrebt. Dabei sind 200 Millionen der Inder MuslimInnen und Angehörige anderer Religionen.

Immer wieder kommt es zu **Lynchmorden** an Muslimen. Der Ablauf ist meist ähnlich. Über WhatsApp wird in einem Dorf das Gerücht verbreitet, ein Muslim habe eine Kuh getötet. Manchmal wird auch als Beweis das Foto einer toten Kuh oder eines Kalbs mitgeschickt. Der empörte Mob rottet sich zusammen und entlädt seine Wut an dem Verdächtigen. Manchmal bleibt dieser halb totgeprügelt und schwer verletzt im Dreck liegen, zu oft stirbt er an den Gewaltentladungen der sich im Recht fühlenden hindu-nationalistischen Täter. Meist bleiben diese Morde ungesühnt. Dadurch fühlen sich die Täter im Recht und Nachahmer werden nicht abgeschreckt.

Jährlich werden etwa 2 Millionen Rinder ins benachbarte **Bangladesch** geschmuggelt. Auf Viehmärkten nahe der Grenze erhalten die indischen Tiere neue Papiere. Mit den gefälschten Papieren landen sie dann direkt im Schlachthaus. Eine Art Bürgerwehr bekämpft den **Kuh-Schmuggel** und geht dabei äußerst brutal vor. Auch hier gibt es immer wieder Tote. 30.000 Grenzsoldaten sind neben den Bürgerwehren im Einsatz, um den Kuhschmuggel zu unterbinden. Ziemlich erfolglos, denn die großen Herden werden zumeist nachts über schwer zugängliche Routen nach Bangladesch getrieben.

Obwohl Hindu-NationalistInnen das glorreiche **Comeback** der Kuh feiern und nicht müde werden, ihre Heiligkeit zu betonen, ist Indien eine der weltweit führenden Exportnationen von Rindfleisch. Allerdings ist es vor allem das Fleisch indischer Wasserbüffel, das über die Grenzen gebracht und irgendwann auf Tellern endet. Ein großer Teil des indischen Rindfleischexports geht in Länder des Nahen Ostens, Südostasiens, Afrikas und der EU.

Kuhställe und Gnadenhöfe für Kühe waren ein weiteres **Kuhschutzprojekt** der BJP und von Modi. Seit seinem Amtsantritt 2014, der im Vorfeld auch auf dem Rücken der Kühe ausgetragen wurde, wurden tausende Kuhställe errichtet. Diese Ställe beherbergen einige hunderte bis zu tausende Rinder. Weil das Futter knapp ist, vegetieren die Tiere dort häufig abgemagert vor sich hin und aufgrund der räumlichen Enge werden die Tiere aggressiv und krank.

Durch den Schutz der Kühe sind sie mancherorts zu einer Plage geworden, denn **herumstreunende Kühe** fressen die Felder leer. Die Regierung versucht die Gemüter zu beruhigen und richtet weitere Gnadenhöfe ein, die oft genug Tierquälerei sind. Insgesamt sinkt trotz der Verehrung die absolute Zahl indischer Kühe. Die Bauern schaffen sich nun lieber Büffel an, die sind nicht heilig.

GUT ZU WISSEN

Tatsächlich sind für Hindus nur indische Kühe verehrungswürdig. Die braune Kuh auf bayrischen Almen oder die schwarzweiße Holsteiner Kuh ist für Hindus komplett unheilig, ebenso wie Hühner oder Ziegen, die von der Mehrheit der Bevölkerung gegessen werden. Nur etwa 35 Prozent der in Indien lebenden Menschen ernähren sich rein **vegetarisch**.

Und um die eingangs gestellte Frage zu beantworten: Ja, für zu viele Hindu-NationalistInnen sind Kühe mehr wert als das Leben eines Menschen, der nicht Hindu ist.

Ist der Hinduismus eine politische Waffe geworden?

YASHWANT SARAN AUS CHENNAI HAT VOR EINIGEN JAHREN IN DIVERSEN INDISCHEN STÄDTEN UND IN NEPAL, BAHREIN UND DUBAI YOGASTUDIOS ERÖFFNET. WAS ZUNÄCHST NUR EINE ERFOLGREICHE BUSINESSIDEE WAR, WURDE SPÄTER ZUR PASSION. ER VERKAUFTE SÄMTLICHE STUDIOS UND LEHRT HEUTE MEDITATION.

»Was BJP nicht versteht, ist, dass echte Hindus sich irgendwann von der Partei abwenden werden, weil wir wissen, was Hinduismus ist. Unser Grundprinzip lautet: Leben und leben lassen. Wir müssen uns nicht sagen lassen, was wir anzuziehen haben. Tragt **keine Jeans**! Meine Aufgabe ist es, an Gott und an das Gute, das Gott verkörpert, zu glauben. Mein Gott sagt mir nicht, iss das nicht oder trink jenes nicht. Mein Gott sagt mir, ich soll **Güte** verbreiten, um die Güte in mir zu erfahren und diese Güte dann mit anderen zu teilen. Gott lehrt mich, wie ich aus der Güte in mir heraus groß werden kann und dann kann ich das, was ich in mir selbst erfahren habe, auch den Menschen draußen weitergeben.

Das Schöne am Hinduismus ist die Vielfalt der Praxis. Man kann alles tun, was man will. In allem versucht man, Gott zu erfahren, auch während des Fleischhackens kann ein Metzger **Göttlichkeit** erfahren.

Hier im Süden Indiens ist das Bildungsniveau viel höher und kritisches Denken ist hier ausgeprägter. Wir glauben an den Hinduismus, aber nicht an die **Hindutva***. Ich glaube nicht an die Religion der BJP, das ist kein Hinduismus. Alles an unserem Premierminister sieht für mich unecht aus und das ist das Traurige daran, denn die BJP ist eigentlich eine hervorragende Partei, eine charakterstarke Partei.

Wir sind starke Gläubige des Hindu-Glaubens. Doch die Hindutva fördert einen stark militanten Geist. Dabei geht es im Hinduismus um einen ruhigen Geist. Als Gegenbeispiel dient die Einweihung des Tempels in **Ayodhya**** am 22. Januar 2024. Die Menschen wollten unbedingt den Hindu-Tempel an diesem Ort, jetzt haben sie ihn. Was aber in

Wirklichkeit passiert ist, ist, dass eine heilige Statue hier gesegnet wurde, aber der Hass im Herzen so vieler Hindus damit nicht verschwand.

Die Muslime sollen verschwinden, das ist die Meinung vieler Leute im Norden. Es ist furchtbar, denn die Menschen im Norden glauben das wirklich, und sie hassen einfach. Der Hass hat sich bereits verbreitet. Wir haben so viele brillante Köpfe in der BJP, und eine Person hat beschlossen, das Land aufgrund der Religion zu polarisieren. Wenn eine Partei die Religion als politisches Werkzeug benutzt, dann halte ich mich als Einzelperson davon fern.

Der größte Teil des Nordens ist von diesem Aspekt der BJP völlig überzeugt. Aber die dicke Dame wird sinken, wie man im Englischen sagt. Da bin ich sehr klar. Ich liebe die BJP-Partei, aber ich werde nie und nimmer diesen Premierminister unterstützen.

Die BJP hat dafür gesorgt, dass die Opposition finanziell ruiniert wird. Sie hat also eine brillante Strategie entwickelt, indem sie die Opposition finanziell so schwächte, dass diese nicht kämpfen kann. Aber Tatsache ist, dass jeder Bürger weiß, wie die Opposition völlig verkrüppelt wurde, und es war eine kluge Strategie von Seiten der BJP, das muss man ihr lassen.

Es ist unser Glück, dass wir den Hinduismus von großen Meistern gelehrt bekommen haben. Und sie sagten niemals, dass man jemanden ausgrenzen soll. Wenn ich die sogenannten Hindus sehe und höre, was sie alles propagieren, dann ist meine Antwort darauf, dass Hinduismus Vielfalt und **Pluralität** ist und es hat nichts mit diesem Feuer des Hasses zu tun, das in ihren Herzen brennt.

So viele große Philosophen ließen sich von der indischen Kultur beeinflussen. Und die Anziehung kam durch das, was uns der Sanskrit-Vers *Ekam Sat Vipra Bahudha Vadanti* vermittelt. Was bedeutet: Es gibt nur eine höchste Wahrheit und die Gelehrten nennen sie mit vielen Namen. Dieser Vers erinnert uns daran, dass es **viele Wege** gibt, die zu Gott führen, auch wenn unterschiedliche Formen und Namen benutzt werden.

So viele kamen nach Indien, weil ihnen der Ansatz des Hindu-Glaubens gefiel, alles anzunehmen und nichts abzulehnen. Selbst wenn man nicht an Gott glaubt, ist man ein Hindu. Denn wir konzentrieren uns auf das **Bewusstsein**, nicht auf das Ritual. Wenn du also nicht an Gott glaubst, bist du sehr wohl ein Hindu, weil du ein Bewusstsein für etwas entwickelst, an das du glaubst. Ich sehe die Wahrheit vielleicht aus einem anderen Blickwinkel. Aber wir sehen alle dieselbe Frucht. Nur weil ich nicht die Perspektive teile, die jemand sieht, kann ich nicht sagen, dass diese Perspektive nicht richtig ist. Im Kern des Hinduismus gibt es keinen Hass. Trennung ist nicht Hinduismus. Das zeigt die wahre Essenz des Hinduismus: absolute **Toleranz**.«

GUT ZU WISSEN

* Hindutva bezeichnet die Ausrichtung Indiens nach streng autoritär ausgelegten hinduistischen Gesichtspunkten und unter der Vormachtstellung der Hindus.

** Um Ayodhya schwelt seit Jahrzehnten ein heftiger Streit. Hindus gilt der Ort als Geburtsort Ramas. 1527 hatte aber ein muslimischer Herrscher eine Moschee erbauen lassen. Die **Babri Moschee** wurde 1992 von hunderttausenden Hindu-Pilgern zerstört. 2019 fällte der oberste Gerichtshof ein Urteil, wem der Ort zugesprochen werden sollte und entschied zugunsten der Hindus. Am 22. Januar 2024 weihte Premierminister Modi den umstrittenen Tempel ein.

21

Sind Gurus immer erleuchtet und heilig?

WIE KEINE ANDERE RELIGION MISST DER HINDUISMUS DEM ÜBERSINNLICHEN BESONDERS GROSSE BEDEUTUNG BEI. IST GLAUBE IM SPIEL, STEIGT DIE GEFAHR VON MISSBRAUCH.

Regelmäßig geraten Gurus in die Schlagzeilen, die ihre Macht missbraucht haben. Dann kommt ans Tageslicht, dass sich der heilige Mann an seinen SchülerInnen vergriffen hat oder Verflechtungen in die Unterwelt und kriminelle Machenschaften werden aufgedeckt.

Tief gefallen ist der **Guru of Bling,** wie der spirituelle Führer Gurmeet Ram Rahim Singh, mit seiner starken Vorliebe für extravagante Kleidung und glitzernden Schmuck, genannt wird. Seine Sekte zählt nach eigenen Angaben 60 Millionen AnhängerInnen. Mal inszenierte er sich als Star in Action-Filmen im Kampf gegen das Böse in Gestalt von Drogendealern oder Außerirdischen, mal als Gott Vishnu.

2017 wird der Blinguru zu 10 Jahren Haft wegen Vergewaltigung verurteilt. Es kommt zu **Ausschreitungen**, am Ende sind über 30 Menschen tot und mehr als 200 verletzt. Ein Abgeordneter der hindunationalistischen BJP äußert sich im TV: Wer hat wohl recht, hunderttausende Anhänger oder das eine Mädchen, das ihn angezeigt hat?

ABER

In Indien gibt es abertausende Gurus und Swamis auf dem spirituellen Pfad. Sie unterweisen ihre AnhängerInnen in Lebensweise, Philosophie und **spirituellen Methoden**. Einige haben Kräfte, die unerklärlich bleiben. Sie bleiben zwei Wochen in der Erde vergraben und stehen munter wieder auf, sie leben wochenlang ohne Nahrung und Wasser oder betreiben Hilfsprojekte und sorgen so für kleinere und größere Wunder.

In den Bhakti- und Tantra-Traditionen gilt der Guru als **Avatar** und Verkörperung Gottes und wird als solcher mit Kraft- und Heilsübertragungen assoziiert.

Machen alle InderInnen Yoga?

SCHAUT MAN AM WELTYOGATAG IN DIE SOZIALEN NETZWERKE, KÖNNTE MAN ANNEHMEN, GANZ INDIEN STEHT KOPF. DAS TUT ES OFT GENUG, ALLERDINGS NICHT ZWANGSLÄUFIG IM *YOGAKOPFSTAND*.

Yoga wird von den wenigsten InderInnen geübt. Erst der Yogatrend im Westen befeuerte Yoga in den indischen Großstädten. Allerdings ist es notwendig zu klassifizieren. Was im Westen als Yoga verstanden wird, ist meist nur Hatha Yoga, das **Yoga der Körperübungen**. Doch im Ursprungsland des Yoga bedeutet es weitaus mehr und hat letztlich nur ein Ziel im Visier. Nein, nicht Fettpölsterchen verschwinden zu lassen oder mehr Beweglichkeit zu erlangen. Es geht um nichts Geringeres als um die **Erfahrung des Höchsten**: Gott, der universellen Kraft. Hier eine kurze Übersicht der Yogaarten. Om!

- **Hatha Yoga**: Vom Herabschauenden Hund über die Kobra bis zum Kuhgesicht, auf Sankskrit heißt das von Adho Mukha Svanasana über Bhujangasana bis zu Gomukhasana. Zusammenfassend sind Körperübungen (Asanas) und Atemübungen (Pranayamas) wesentlich.
- **Raja Yoga**: Auf dem Weg der Erleuchtung durch **Meditation**. Wesentlich ist hier die Beherrschung des Geistes.
- **Bhakti Yoga**: Hier zählen gute Taten, Verehrungsrituale für die GöttInnen und eine demütige Haltung zu den Hauptaspekten.
- **Karma Yoga**: Stellt das Handeln in den Mittelpunkt und sieht jede Handlung als Plus- oder Minuspunkt auf dem **Karma-Konto.**
- **Jnana Yoga**: Das ist der Yoga-Weg der spirituellen Erkenntnis. Eine der grundlegenden Fragen lautet: **Wer bin ich?** Was ist der Sinn der Welt und des Lebens? Über die kontemplative Versenkung über bestimmte Fragen geht es hin zu intuitivem Begreifen, Meditation ist auch hier wesentlich.
- **Kundalini Yoga**: Das Yoga der Energieerweckung will durch Körperübungen und Techniken der Atmung und Mantras (heilige Verse) sowie Mudras (Gesten zur Energielenkung) die **Erleuchtung** herbeiführen.

Werden alle in Indien von ihren Eltern verheiratet und haben dann erst Sex?

DIE ARRANGIERTE EHE IST IN INDIEN NACH WIE VOR ÜBLICH UND WIRD KAUM IN FRAGE GESTELLT. SEX HABEN VIELE JUNGE LEUTE STILLSCHWEIGEND AUCH SCHON VOR DER EHE.

Stellen Sie sich vor, Sie heiraten und sehen ihren EhepartnerIn das erste Mal vorm Altar. Was in Indien Normalität ist, die arrangierte Ehe, wäre hier undenkbar. In Indien wird das für gut befunden. 90 Prozent aller Ehen sind arrangiert. Die sogenannte **Love Marriage**, die Liebesheirat, ist verpönt und Liebe als Grund für eine Heirat scheint abwegig.

Die meisten InderInnen leben auf dem Land und in den Dörfern sind Traditionen und Kastenregeln noch weitgehend intakt. Eine Verbindung aus Liebe heraus wird sehr kritisch beäugt. Das hat auch mit sozialer Kontrolle zu tun. Man muss sich auf den Sohn verlassen können, der in der Großfamilie eine wichtige Rolle als Ernährer einnimmt. Grillenhafte Verliebtheit wirkt als reale Bedrohung, da der Sohn seine Pflichten vernachlässigen könnte. Außerdem ist eine Heirat weniger eine Verbindung zweier Individuen, eher ein **Kontrakt** zweier Familien.

Sich gegen die Entscheidung der Familie zu stellen, kommt einem Sakrileg gleich. Kinder gehorchen und ehren ihre Eltern, und ihnen ist bewusst, welche Auswirkungen eine Rebellion hätte. Die Gemeinschaft des Dorfs könnte die Familie ausgrenzen, sogar ruinieren. Begehren Paare auf, kann dies lebensgefährlich werden. Das Paar muss untertauchen und den Kontakt zu den Eltern und Verwandten abbrechen. Der **Ehrenkodex** gilt so viel, dass es immer wieder zur Gewaltanwendung bis hin zum Mord kommt.

Für eine konfessions- oder kastenübergreifende Heirat muss man sich registrieren, das regelt seit 1954 der **Special Marriage Act**. Hier muss das Paar 30 Tage vor der Eheschließung einen Antrag einreichen, damit Einsprüchen von Verwandten stattgegeben werden kann. Hat ein Onkel einen Einwand innerhalb eines Monats vorzubringen, wird dieser geprüft und es ist nicht unwahrscheinlich, dass die Eheschließung deshalb nicht stattfinden kann.

Im nördlichen Bundesstaat Uttarakhand verabschiedete das Regionalparlament ein Gesetz, wonach unverheiratete Paare nur mit einer behördlichen Zustimmung zusammenziehen dürfen. Dieser Antrag kann auch abgelehnt werden, wenn eine PartnerIn nicht volljährig ist oder die Beziehung durch Betrug entstanden sein soll. Erfolgt keine Anmeldung des Paars bei der Behörde, steht Bußgeld oder sogar eine Gefängnisstrafe an. Falls sich das Paar wieder trennt, muss auch das der Behörde gemeldet werden. Es verwundert nicht, dass die hindu-nationale Partei BJP, die Bharatiya Janata Party, im Bundesstaat die Mehrheit hält. Die Partei geht vehement gegen ein Aufweichen alter Traditionen vor.

Neben Religionszugehörigkeit, Horoskop, Temperament und Hobbies ist noch immer die **Kastenzugehörigkeit** entscheidendes Kriterium für die Auswahl der PartnerIn. Nur 5 Prozent der Ehen erfolgen über die überraschend intakten und starren Kastengrenzen hinweg. Es ließe sich vermuten, dass moderne GroßstädterInnen sich von diesen althergebrachten Schranken der Gesellschaft verabschiedet haben. Doch was hunderte von Jahren Bestand hatte, steht in Indien nicht im Widerspruch zum moderneren Lebensstil.

Noch seltener sind Ehen über die **Religionszugehörigkeit** hinweg. Nur 2 Prozent aller Ehen sind interkonfessionell, sprich eine Hindu-Frau heiratet beispielsweise einen Moslem. Vor allem dieser Fall wird von den Hindu-Nationalisten als größter Frevel gesehen. Dann wird vom *Love Jihad* geredet, einer bewusst gesteuerten Aktion muslimischer Kräfte, um Hindu-Frauen zum Islam konvertieren zu lassen und viele muslimische Nachkommen zu zeugen. Propaganda wie diese wird bewusst von Hindu-NationalistInnen gestreut und hat sich in den Köpfen vieler InderInnen festgesetzt.

So gibt es regelmäßig Tumulte und Aufregungen, wie zum Beispiel als in der Netflix-Serie *Suitable Boy* eine Hindu-Frau einen muslimischen Mann in einem Tempel küsst. Sofort wurde zum **Boykott** aufgerufen und PolitikerInnen schalteten sich ein. Ein führender Politiker der BJP und Innenminister vom großen Bundesstaat Madya Pradesh äußerte sich dazu auf CNN: »Dieser extrem anstößige Inhalt verletzt die Gefühle der Menschen einer bestimmten Religion«. Er beauftragte die Polizei, gegen die Verbreitung der Serie vorzugehen.

Um gegen den rassistisch motivierten Begriff des *Love Jihad* anzugehen, schlossen sich drei Journalisten zusammen und gründeten das *India Love Project* auf Instagram mit mittlerweile knapp 64.000 FollowerInnen. Hier werden Geschichten von Paaren veröffentlicht, die über alle Grenzen von Religion, Kaste und Geschlecht hinweg ihre Liebesbeziehung leben. Weil dieser Kampf für die Liebe durchaus lebensgefährlich werden kann, hat sich *Love Commandos* gegründet. Diese Organisation besteht seit 2010 und ihre Mitglieder sind AnwältInnen, Geschäftsleute, JournalistInnen und MenschenrechtsaktivistInnen. Sie halten allerdings ihre Zugehörigkeit geheim, denn 2015 wurde ein Mitglied ermordet. Sie verfügen über zahlreiche versteckte Schutzräume, in denen die Paare untertauchen können und so vor den Familien sicher sind. Es gibt rechtlichen Beistand und eine Hotline, die täglich etwa 7.000 Mal angerufen wird. Angeblich gibt es 600.000 UnterstützerInnen dieser Organisation und zehntausende Paare, die dank *Love Commandos* zusammen sein können.

Doch in der Realität läuft es meist anders. Dann sehen sich die Brautleute bei der Hochzeit zum ersten Mal. Liberalere Eltern lassen zu, dass sich die zukünftigen Eheleute bei einem Treffen beschnuppern können. Geläufige Meinung ist, dass die Liebe mit den Jahren von alleine komme. Und da die Vermählung vorrangig der Fortpflanzung und somit der Lebensabsicherung dienen soll, macht man sich nicht allzu romantische Illusionen. Auch deshalb sind **Scheidungen** sozial geächtet, selbst wenn diese zunehmen.

Allerdings haben viele junge Leute Liebesbeziehungen vor der Heirat. Ihnen ist jedoch klar, dass diese nur ein zeitlich begrenztes Vergnügen sind. Denn für die allermeisten gilt: Das Wort der Eltern ist Gesetz, dagegen kommt die **Liebe** nicht an.

Wie verhütet Indien?

GAR NICHT, KÖNNTE MAN DENKEN. JETZT HAT INDIEN SOGAR CHINA ALS WELTWEIT BEVÖLKERUNGSREICHSTES LAND ABGELÖST: MIT MEHR ALS 1,4 MILLIARDEN EINWOHNERINNEN.

Lange haben PolitikerInnen die junge Bevölkerung Indiens als demografischen Gewinn für die Zukunft bezeichnet. Scharen junger arbeitswilliger Menschen sollten den Rivalen China mit seiner vergreisten Gesellschaft auf Platz zwei der aufstrebenden Riesennationen der Welt verweisen und die Wirtschaft nach vorn bringen. In Indien ist die Hälfte der Bevölkerung jünger als 30 Jahre, in China ist jeder Fünfte älter als 60 Jahre. Doch nun zeigt sich ein Riesenproblem, denn es fehlen massig Arbeitsplätze. Arbeitslosigkeit ist eines der Hauptprobleme, mit denen sich der im Juni 2024 wiedergewählte Premierminister Modi auseinandersetzen muss.

Überbevölkerung und Geburtenkontrolle sind schon seit 1952 ein Thema im Land. Allerdings nicht unter Zwang wie die Ein-Kind-Politik, die in China von 1979 bis 2016 galt. Obwohl: Es gibt ein dunkles Kapitel unter Indira Gandhi, die Mitte der 1970er-Jahre den Ausnahmezustand ausrufen ließ. In diesen Jahren explodierte das Bevölkerungswachstum und sie entschied sich zu drastischen Maßnahmen. Ganze Dörfer wurden abgeriegelt, Männer gewaltsam aus ihren Hütten gezerrt und **zwangssterilisiert**. In einem Jahr wurden so sechs Millionen Männer unfruchtbar gemacht.

Heutzutage ist die Sterilisation der Frauen ein häufiges Verhütungsmittel. Laut dem National Family Health Survey 2019–21 liegt der Anteil der sterilisierten Frauen in Indien bei etwa 36 Prozent der verheirateten Frauen im gebärfähigen Alter, also zwischen 15 und 49 Jahren.

Berichten der Menschenrechtsorganisation Human Rights Watch zufolge werden arme Frauen dazu überredet, sich sterilisieren zu lassen oder sich zumindest eine Spirale einsetzen zu lassen. Geschenke und Geld sollen sie dazu bewegen. Das Unrechtsbewusstsein der ÄrztInnen ist gering, sie handeln im Glauben, Gutes zu tun. Dabei wäre die Vasektomie bei Männern unkomplizierter und sogar wieder rückgängig zu machen.

Es gibt auch noch andere Verhütungsmethoden, die nicht so radikal sind, wie **Kondome** beispielsweise. »I am the condom friend, ever useful to you«, sangen Männer in bunten Kondomverkleidungen, die durch die Dörfer zogen, um diese Verhütungsmethode bekannt zu machen. Scheinbar ohne durchschlagenden Erfolg. Kondome kommen für wenige indische Männer überhaupt in frage, nur 5 Prozent verhüten damit. Ein Großteil der Kondome wird zweckentfremdet: Vor allem in Webereien nutzt man sie, da das Gleitmittel die Holzschiffchen leichter durch die Webstühle gleiten lässt, aber auch als Wassertransportmittel oder um undichte Dächer vor heftigen Monsunfällen zu schützen, finden sie Verwendung.

In Indien ist alles, was mit Sexualität zu tun hat, ein großes **Tabu**. So wird auch nicht über Verhütung gesprochen, zumindest nicht unter den Jugendlichen. Dementsprechend gering ist bei ihnen die Verwendung von Verhütungsmitteln. Besonders in den konservativen und armen Bundesstaaten wie Bihar, Rajasthan und Uttar Pradesh verhüten weniger als 10 Prozent der jungen Leute. Gleichzeitig liegt das durchschnittliche **Heiratsalter** bei 19 Jahren. Während bei städtischen InderInnen das Heiratsalter steigt, wird in ländlichen Gebieten etwa ein Viertel der Mädchen vor der Volljährigkeit verheiratet.

Diese Mädchen werden in jungen Jahren Mütter und wenn Geburten rasch aufeinanderfolgen und die Frau untergewichtig ist, steigt das Risiko ein Todesfall der **Müttersterblichkeit** zu werden. Diese ist in Indien hoch, mit 150 toten Frauen je 100.000 Schwangeren. Zum Vergleich, in Deutschland sind es 7 Frauen, angeführt wird die Liste vom Südsudan mit 1.150 Todesfällen. Weitgehend unbekannt ist, dass Todesfolgen wegen unsicherer Abtreibungsmethoden zur Rate der Müttersterblichkeit hinzugezählt werden und diese sogar die dritthäufigste Ursache dafür sind. Die Frauen greifen zu drastischen Methoden. Sie führen ihrem Unterleib heftige Gewalt zu oder führen sich Giftstoffe ein. **Schwangerschaftsabbrüche** sind in Indien seit 1971 unter bestimmten Voraussetzungen legal, wenn eine schwere Behinderung des Kindes droht oder wenn die Schwangerschaft lebensgefährlich scheint. Außerdem kann eine finanziell schlecht gestellte Frau abtreiben, sofern sie bereits zwei oder drei Kinder hat. Verboten ist abtreiben nach **prä-nataler Geschlechtsbestimmung**. Doch gerade in der Mittel- und Oberschicht, also dort, wo man sich die Geschlechtsbestimmung per Ultraschall leisten kann, werden wesentlich mehr Jungen als Mädchen geboren.

25

Sind Töchter in Indien weniger wert als Söhne?

»EIN FREUND IST DIE GATTIN, EIN JAMMER DIE TOCHTER, LICHT IN DER HÖCHSTEN HIMMELSWELT IST DER SOHN FÜR DEN VATER.«

ALTER INDISCHER SPRUCH

Wenn eine Frau ein Mädchen auf die Welt bringt, führt das häufig zu großen Problemen. Im schlimmsten Fall wird der Mutter das Kind entwendet. Doch seit der Möglichkeit der pränatalen Geschlechtsbestimmung wird häufig vorgeburtlich eingegriffen. Jährlich werden etwa fünf Millionen weibliche Föten abgetrieben, was das **Geschlechterverhältnis** immer weiter in die Schieflage bringt. 2021 kamen auf Kinder unter sechs Jahren auf 1.000 Jungen nur noch 929 Mädchen, Tendenz weiter sinkend.

In den alten Gesetzestexten wird das Leben der Frau auf den Zweck, männliche Nachkommen zu gebären, reduziert. Nur ein Sohn kann die essenziellen **hinduistischen Rituale** im Todesfall durchführen und nur in ihm lebt der Vater weiter. So verwundert es nicht, dass auf die Schulbildung der Töchter wenig Wert gelegt wird. Mädchen werden öfter schlecht ernährt, medizinisch unterversorgt und sterben weitaus häufiger als Söhne.

Ein wesentlicher Grund ist die teure **Mitgiftpraxis**. Zwar ist diese offiziell verboten, doch noch immer zahlen die Familien der Töchter die horrenden Forderungen an die Familie des Bräutigams. Das treibt so manche Familie in den Ruin und in die Komplettverschuldung. Eigentlich ist diese Form der Mitgift unlogisch, da die Frau zur Familie des Mannes zieht und dort mitarbeitet.

Waren es früher Bargeld, Schmuck und Gebrauchsgegenstände, die für die Mitgift gefordert wurden, haben sich die Ansprüche modernisiert. Heute werden Waschmaschinen und Kühlschränke, Motorroller oder Autos verlangt. Manchmal gehen diese Forderungen nach der Heirat weiter und enden bei einer Verweigerung nicht selten mit dem Tod. »Es war ein **Küchenunfall**, ihr Sari hat plötzlich Feuer gefangen« heißt es dann. Selbst wenn die Frau überlebt, schweigt sie aus Angst vor Rache. Stirbt sie, dann ist der Weg frei für eine neue Heirat und weitere Mitgiftzahlungen. Knapp 7.000 Fälle sind es pro Jahr, die Dunkelziffer dürfte um ein Vielfaches höher liegen.

Eine Zahlung eines **Brautpreises** gibt es nur in bestimmten Stämmen der indigenen Adivasi und ist vor allem im Nordosten Indiens verbreitet. Frauen auf dem Land arbeiten besonders hart. Sie müssen kilometerweit Wasserbehälter nach Hause schleppen, Brennholz suchen oder als Tagelöhnerinnen im Straßenbau und in der Landwirtschaft schuften – bei wesentlich **geringerem Lohn** als ein Mann ihn bekommt. Dazu kommen Kindererziehung und Hausarbeit. Mikrokredite können eine Lösung dieser Misere sein, denn wer über eigenes Geld verfügt, bekommt mehr Freiheit und Rechte, in der Partnerschaft und der Gesellschaft.

Auf dem Land sind Frauen weitgehend in **traditionellen Rollen** gefangen. Doch wie immer gibt es auch das andere Extrem. Mit Indira Gandhi hatte Indien eine Ministerpräsidentin, als die Schweiz noch Jahre vom Frauenwahlrecht entfernt war. Bestausgebildete Frauen arbeiten in jeder Branche, ob in Informatik, Medizin oder Politik. Sie leiten Unternehmen und sind in der Wissenschaft tätig. Sie leben vor allem in den Städten und besonders in **Mumbai**, der westlichsten der indischen Metropolen, ist das Leben für Frauen angenehmer. Man sieht junge Frauen auf Motorrollern zur Arbeit oder in die Hochschule fahren, sie bewegen sich ganz selbstverständlich durch die Stadt und prägen so das Stadtbild. Das sollte nicht zu falschen Schlüssen führen. Indische Frauen sind weit davon entfernt, selbstbestimmt, gleichberechtigt und nach ihren eigenen Vorstellungen zu leben. In der Regel müssen sie tun, was der Vater wünscht (Ausbildung, Heirat), um dann mit der Hochzeit in den **Besitz** der Familie des Mannes überzugehen. Eine unverheiratete Tochter gilt als große Schande. In ländlichen Gebieten ist die **Kinderheirat** noch immer verbreitet, trotz gesetzlicher Bestimmungen dagegen.

GUT ZU WISSEN

Aufschluss über die Stellung der Frau gibt ein Blick in den Global Gender Gap Index von 2023. Bewertet werden die Bereiche Wirtschaftliche Teilhabe und Chancengleichheit, Bildung, Gesundheit und Überleben und Politische Ermächtigung. Indien hat sich innerhalb eines Jahres verbessert und liegt nun 8 Plätze weiter vorne auf Platz 127 von 146 Ländern.

Vor allem durch Fortschritte im Bereich Politische Teilhabe hat sich die Platzierung verbessert. In der kommunalen Verwaltung sind 44 Prozent Frauen aktiv, im Parlament sind es nur 13 Prozent.

26

Wie werden indische Kinder erzogen?

VIELE INDISCHE KINDER WIRKEN UNGEZWUNGEN, FRÖHLICH UND ERFRISCHEND LEBENDIG. SCHIMPFENDE ELTERN HÖRT MAN SO GUT WIE NIE.

Wer es sich leisten kann, verwöhnt seine Kinder. Sie haben im hinduistischen Kontext sogar bis sie fünf Jahre alt sind eine Art Freifahrtschein. Bis dahin gelten sie als rein und unschuldig.

Obwohl indische Kinder mit Fürsorge und Liebe überschüttet und wenig gemaßregelt werden, sind sie **gut erzogen**. Ältere Menschen respektvoll zu behandeln, ist selbstverständlich, Widerworte gegen die Eltern hört man in der Öffentlichkeit nie.

Indische Eltern legen großen Wert auf die Vermittlung religiöser und kultureller Werte. Geschichten über den jungen Gott Krishna, der Streiche liebt, oder die Heldentaten von Rama sind beliebt und bekannt. Für die Eltern aller Schichten und Kasten ist **Bildung** der Weg in ein besseres Leben und entsprechend investiert man in sie, sofern man die Möglichkeiten und Ressourcen hat.

Kinder armer Familien haben es ungleich schwerer. Sie müssen mitarbeiten oder sogar Geld zur Aufbesserung des Familieneinkommens dazu verdienen. Am schlimmsten trifft es die 19 Millionen Kinder, die **auf der Straße** leben. Sie wurden von den Eltern verlassen oder sind Waisen. Jeden Abend schlagen sie in den Großstädten ihr Nachtlager auf und verkriechen sich in dunklen Ecken, auf Baustellen oder Müllhalden, bis sie am nächsten Morgen wieder um ihr Überleben kämpfen.

GUT ZU WISSEN

Im Schnitt hat ein Paar heutzutage zwei Kinder, in den 1950er-Jahren waren es durchschnittlich noch sechs Kinder. Kinderlose Paare gibt es nur wenige.

Warum ist Indien trotz Kamasutra so prüde und verklemmt?

KÜSSEN VERBOTEN! WENN AUCH NICHT GESETZLICH, SO IST ES DOCH IN DER ÖFFENTLICHKEIT TABU.

Bedenkt man, dass Indien DAS Buch der Erotik und Sexualität vor 1.800 Jahren hervorgebracht hat, so ist Indien erstaunlich prüde. In Indien war vom 3. bis zum 12. Jahrhundert die Tradition des **Kamasutra** führend, erst danach dominierte die asketische Lebensweise.

Mit den Briten kam die **viktorianische Prüderie** mit strengem Moralkodex ins Land und diese versetzte jeglicher verbliebenen Freizügigkeit den Todesstoß. Die britischen Kolonialisten verabschiedeten Gesetze, wie das Verbot der Homosexualität oder die Kriminalisierung von Eunuchen und Hijras. Das Ziel war, die indische Gesellschaft zu **moralisieren** und beherrschbar zu machen. Die Reaktionen der Briten auf das Buch des Kamasutra waren unterschiedlich. Während einige von ihnen das Buch als Lehrbuch mit Neugierde aufnahmen, sahen es andere als Beweis für die Wildheit und Unzüchtigkeit der zu zivilisierenden InderInnen.

Allgemein gelten in Indien strenge moralische Regeln. Sex gilt vor der Heirat als verboten, was eher für Frauen als für Männer gilt. Letztere können mit sogenannten **Aunties**, also Frauen mittleren Alters, ihre ersten sexuellen Erfahrungen machen. 25 Prozent der Männer stehen 10 Prozent der Frauen gegenüber, die vor der Ehe sexuelle Erfahrungen sammeln.

Ungezwungener ist die junge städtische Oberschicht, die sich unter dem Einfluss der Globalisierung von allzu rigiden Regeln befreit und Beziehungen vor der Hochzeit führt, ungeachtet der Verteufelung der Hindu-NationalistInnen. Für jene gilt jede Form der Sexualität jenseits der Ehe als schwer **sündhaft**.

28

Ist die Menstruation tabu?

»SCHUHE, KAMERAS UND MENSTRUIERENDE FRAUEN VERBOTEN« STEHT HÄUFIG AM EINGANG HINDUISTISCHER TEMPEL.

Wer menstruiert, dem ist nicht nur der Einlass in den Tempel verwehrt. Die als **unrein** geltenden Frauen dürfen kein eingelegtes Gemüse anfassen, sich nicht auf das gemeinsame Sofa setzen und keine religiösen Gegenstände berühren. Weil es als peinlich gilt, werden Hygieneprodukte wie **Monatsbinden** weit vom Wohnhaus entfernt gekauft und vom Verkäufer unerkennbar verpackt. Nur 58 Prozent der Frauen zwischen 15 und 24 Jahren nutzt Binden überhaupt, auf dem Land sind es sogar weniger als die Hälfte. Dort behilft man sich mit **alten Stofffetzen**, Blättern, Sand und Asche. Das kann zu gesundheitlichen Problemen führen.

23 Prozent der Mädchen brechen die Schule ab, wenn ihre Periode beginnt. Aufklärung gibt es selten. Den meisten Mädchen ist völlig unklar, warum sie plötzlich bluten und woher das Blut stammt.

Verschiedene NGOs arbeiten daran, das Bewusstsein für die Monatsblutung zu erhöhen und bieten Infoveranstaltungen an Schulen an. Bemerkenswert ist das **The Pad Project**, das Bindenherstellungs-Maschinen in ländlichen Regionen bereitstellt und dadurch für günstige Produkte und Arbeitsplätze sorgt. Durch den Oscar-prämierten Film *Period. End of Sentence* wurde das Projekt bekannt. Das führte zu einer Kampagne auf Instagram, bei der Selfies mit Monatsbinden gepostet wurden. Dabei waren auch Promis wie Bollywood-Star und Produzent Anil Kapoor. Damit nicht mehr tabuisiert wird, was natürlich ist.

Kann man unverheiratet sein?

AUSSERHALB DER METROPOLEN WIE MUMBAI ODER DELHI IST DIES KAUM MÖGLICH. UNVERHEIRATET, WOMÖGLICH ALS SINGLE DURCH DAS LEBEN ZU GEHEN, IST IN INDIEN EIN ZEICHEN FÜR: MIT DER ODER DEM STIMMT WAS NICHT.

Alte Traditionen sind in Indien noch sehr lebendig, vor allem wenn es um das Familienleben geht. Die Norm lautet: Als Mann lebst du das ganze Leben bei deinen Eltern, deine Frau kommt dazu. Als Frau wohnst du bei deinen Eltern, bis du heiratest und zur Familie deines Mannes ziehst. Doch keine Regel ohne Ausnahmen.

Immer mehr junge Leute ziehen aus, weil sie weit entfernt einen Job bekommen oder ein Studium beginnen. Fern der Eltern lebt es sich freier, für die meisten Frauen zumindest bis zur Ehe. Doch die erste Hürde kommt direkt nach dem Auszug: die **eigene Wohnung**. Da bleiben zwei Möglichkeiten, entweder wohnt man zur Untermiete oder man lebt in einer WG. Dass man dann von den NachbarInnen überwacht und gemaßregelt wird, ist eher Normalität.

Privatsphäre gilt wenig. Indien funktioniert wie ein riesiges Kollektiv. Individuelles Ausleben von Neigungen und Bedürfnissen, die mit den kollektiven Regeln kollidieren, werden nicht nur ungern gesehen, sondern auch bekämpft. Das äußert sich dann in Beschwerden bei der VermieterIn oder in der Übergriffigkeit und Anzüglichkeiten des Nachbarn. Allzu häufig gelten alleinstehende Frauen in Indien als **Freiwild**. Bekommen sie Besuch von Männern, dann müssen sie Prostituierte sein, so die Logik.

Mit Glück und ausreichend Geld bekommen Singles ein Appartement in einem Wohnkomplex, mit Zaun umgrenzt und mit Wachmann davor. Häufig werden diese Wohneinheiten von sogenannten **Housing Societies**, einem Nachbarschaftsverbund, kontrolliert. Oft leben die Singles dort nach Kasten und regionaler Herkunft getrennt und haben ihre eigenen festen Regeln. Das kann sein, dass Fleisch und Alkohol verboten sind oder Besuch vom anderen Geschlecht untersagt ist. In einer streng konservativen Gesellschaft können leichtfertig in die Welt gesetzte Gerüchte schwerwiegende Folgen haben. Die Chancen auf dem **Heiratsmarkt** sinken und der Arbeitsplatz kann gefährdet sein. Alleinstehende haben also mit einigen Problemen zu kämpfen, falls sie überhaupt Wohnraum ergattern.

Sucht ein unverheiratetes Paar eine Wohnung, ist das mit ziemlicher Sicherheit zum Scheitern verurteilt. Im Pass ist der Eintrag vermerkt, ob man verheiratet ist, und der muss bei Unterzeichnung des Mietvertrags vorgezeigt werden. Zudem tragen verheiratete Frauen sichtbare Zeichen, wie zahlreiche Bangles, also Armreifen, oder den **Sindoor**, einen zinnoberroten Pulverstrich auf dem Scheitel.

Hat die Frau den Hafen der Ehe verlassen, wird es für sie ebenfalls schwierig, eine Wohnung anzumieten. Selbst wenn im direkten Vergleich mit westlichen Ländern die **Scheidungsrate** mit 1,5 Prozent sehr niedrig ist, so nehmen Trennungen in Indien zu. Zum Vergleich: In Deutschland werden über ein Drittel der Ehen wieder geschieden.

Und doch: Indien befindet sich im Wandel, auch wenn aktuell der Rückenwind konservativer Vorstellungen stark ist. Es gibt mehr und mehr Frauen, die alleine leben, allen Schwierigkeiten zum Trotz.

GUT ZU WISSEN

Reist man als Frau alleine durch Indien, kann es je nach Situation durchaus angemessen sein, die Mär vom Ehemann in Mumbai zu erzählen, der dort als Ingenieur arbeitet. Auch Kinder werten sofort die Existenz als Frau auf. Genauso gut kann man aber auch bewusst Vorurteilen die Stirn bieten.

Werden Witwen noch immer verstoßen oder verbrannt?

DIE WITWENVERBRENNUNG IST OFFIZIELL SEIT 1829 VERBOTEN. DAS HEISST ALLERDINGS NICHT, DASS DIESE GRAUSAME PRAXIS GANZ VERSCHWUNDEN IST.

Vereinzelt kommt es in entlegenen, stark religiösen Gegenden noch immer zu **Witwenverbrennungen**. Unfall oder Selbstmord heißt es dann im Polizeibericht. Mit dem toten Ehemann auf seinem Scheiterhaufen lebendig verbrannt zu werden, verheißt posthum Glanz und Gloria, im Gegensatz zum elenden Dasein als Witwe.

Ganz Indien ist durchsetzt von Tempeln und Schreinen, die zu Ehren der verbrannten Witwen gebaut wurden und nach wie vor Millionen PilgerInnen anziehen. Diese Frauen werden **Sati** genannt, die treue, gute Frau.

Anzunehmen ist, dass sich wohl wenige Frauen freiwillig verbrennen ließen. Man setzte sie unter Drogen oder wendete Gewalt an, oder sie wurden von der Aussicht, als stigmatisierte und ausgestoßene Frau zu leben, dazu getrieben. Großen Wirbel verursachte die Witwenverbrennung der nur 18-jährigen Witwe **Roop Kanwar**, die man auf dem Scheiterhaufen ihres Manns lebendig verbrannte. Das war am 4. September 1987. In Folge wurden Spendengelder gesammelt und ein Tempel gebaut, die Familie kam zu Ruhm und Ehren, denn der **Ruhm der Sati** färbt auf die Familie ab.

Indiens Witwen sind auch heutzutage noch weit davon entfernt, ein menschenwürdiges Leben zu leben. Wie Witwen im großen Stil ausgegrenzt werden, davon zeugt **Vrindavan**, die Geburtsstadt Krishnas. Etwa 20.000 Witwen wohnen in Vrindavan und Umgebung, viele von ihnen sind obdachlos und zum Betteln oder zur Prostitution gezwungen.

Mit etwas mehr Glück können sie in einem Ashram unterkommen, wo sie in einer Witwengemeinschaft am Existenzminimum leben. Singen sie drei Stunden im Tempel, bekommen sie dafür eine Schale Reis und weniger als 10 Cent. Andere mieten ein Zimmer, das sie sich zu mehreren teilen.

Mit dem Tod des Manns soll jegliche Freude und Farbe aus dem Leben der Ehefrau verschwinden. Traditionell ist die Kleidung der Witwen weiß. Keine bunten Saris mehr, die Haare werden geschoren, die bunten Armreifen zerbrochen und Schmuck verboten, dazu Tanz-, Fest- und Hochzeitsverbot. Allein der Anblick einer Witwe bringe **Unglück**, und wenn sie Lebensmittel anfasse, so verdürben diese, so der Aberglaube. Nehmen ihre Kinder sie nicht auf, ist es schwer zu überleben. Arbeit zu finden, ist fast unmöglich, und wenn sind es schwere Tätigkeiten wie Müllsammeln. Manche Familien sperren die Witwen ein, isolieren sie und lassen sie vor sich hinvegetieren. Sie werden zu Ausgestoßenen im eigenen Haus. Oft genug gibt man ihnen die Schuld am Tod des Manns, sie verlieren jede Würde und Existenzberechtigung. Manche verhungern und sterben auf der Straße. Jede dritte Witwe hat mindestens einen Selbstmordversuch hinter sich. Doch darüber wird in Indien nicht geredet, es ist ein **Tabu**.

Da generell sehr jung geheiratet wird, gibt es Witwen, die noch nicht einmal volljährig sind. 45 Millionen Witwen zählt Indien. Organisationen wie die Vicente Ferrer Stiftung setzen sich dafür ein, die Lebensumstände der Witwen zu verbessern. Es gibt Selbsthilfegruppen mit Zugang zu **Mikrokrediten**, Nahrungsmittelspenden und Unterstützung für den Schulbesuch der Kinder. 93.000 Frauen sind in diesen Netzwerken aktiv und allein in zwei Jahren konnten 2365 Witwen vor dem Hungertod bewahrt werden.

Eine der von der Stiftung unterstützten Frauen ist Lakshmi Devi, die mit 13 Jahren verheiratet und bereits fünf Jahre später Witwe mit zwei kleinen Kindern wurde. Ihr Schicksal ist für Witwen exemplarisch. Sie erzählt: »Die ersten Jahre waren sehr hart für mich. Es gab Zeiten, in denen ich nicht weiterleben wollte, aber wegen meiner Kinder machte ich weiter. Ich hatte nie jemandem erzählt, was ich alles durchgemacht habe. Den Aberglauben über Witwen gibt es seit Generationen und er bestimmt immer noch das Handeln der Menschen. Wie kann eine Frau für den Tod ihres Mannes verantwortlich sein? Warum gilt sie als Täterin? Über die Stigmatisierung zu sprechen, ist der erste Schritt, um sie zu beenden.« Lakshmi Devi hat sich aus den Zwängen des Stigmas befreit und arbeitet jetzt daran, die Denkweise der Menschen zu ändern, um auch anderen Witwen zu helfen.

Jedoch: Ganz langsam verändert sich auch die Denkweise in Indien. War es früher undenkbar, eine Witwe zu ehelichen, so sind es heutzutage 30 Prozent **junger Witwen**, die wieder geheiratet werden.

Wie denken moderne Millennials?

RITA, EIGENTLICH HEISST SIE RAKSHITA CHAUDHARY, IST EIN MILLENNIAL UND HAT SICH FREIHEITEN GENOMMEN, DIE FÜR FAST ALLE INDISCHEN FRAUEN UNDENKBAR SIND. UND DOCH STEHT SIE EXEMPLARISCH FÜR EINE KLEINE SZENE GEBILDETER JUNGER FRAUEN, DIE IHREN EIGENEN WEG GEHT.

»Ich komme aus Delhi und wohne seit zweieinhalb Jahren in Goa. Ich habe eine Freundin, die schon in Goa war und die mich fragte, warum ich nicht einfach auch nachkomme. Um mir etwas Sicherheit zu verschaffen, arbeitete ich ein halbes Jahr in einem Unternehmen in Delhi und als ich das Gefühl hatte, ich habe etwas gelernt, habe ich meinen Laptop gepackt und bin gegangen. Ich bin nach einem riesigen Streit einfach **abgehauen**. Meine Eltern haben gesagt, dass sie mich nicht wieder aufnehmen werden und ich soll gut überlegen, was ich mit meinem Leben anstelle. Niemand würde kommen und mich retten. Und dann sagten sie: ›Dann geh halt.‹

Meiner gesamten Verwandtschaft haben sie erzählt, dass ich bei einer IT-Firma in Bangalore arbeite und zurückkommen werde. Aber meine Eltern wissen, dass ich nicht mehr zurückkomme. Sie erzählen das nur, um ihr **Gesicht zu wahren**. Wenn meine Verwandtschaft das wüsste, würde sie sagen, wie schändlich das sei, die Tochter nicht zu Hause halten zu können. Wenn der Name erst einmal in Verruf ist, dann geht es bergab. Dann will niemand mehr etwas mit dir zu tun haben. Dann heißt es, wie konnte die Erziehung nur so schlecht sein, dass die Kinder so **unkontrollierbar** sind. Meine Eltern haben noch immer die Illusion, dass ich zurückkomme. Aber seit meiner Kindheit habe ich schon immer gesagt, dass ich aus diesem Haus abhauen werde. Es ist toxisch. Die Verwandtschaft fragt wohl ständig nach, wann ich wieder komme. Erst haben meine Eltern ihnen erzählt, dass ich drei Jahre weg bin, aber jetzt haben sie verlängert und erzählen, dass ich nochmals drei Jahre weg bin.

Meine Eltern haben sich damit abgefunden, dass ich so bin und es auf eine Art akzeptiert. Letzten Monat hat mein Vater mich besucht und sie sind halbwegs zufrieden, wenn ich meine Arbeit gut mache. Ich war auf einer der besten Schulen in Delhi und werde auf jeden Fall sehr erfolgreich und **superreich** werden. Ich werde eine Marketingfirma aufziehen und mich darauf total konzentrieren. Das ist gerade das Wichtigste für mich. Heirat interessiert mich zur Zeit gar nicht. Auch wenn ich gerade einen süßen Jungen kennengelernt habe, mit dem ich zusammen bin. Aber nur locker, ich führe vorerst nämlich nur noch **polyamore** Beziehungen.

Ich kenne viele Frauen, die erst sagen, sie wollen nicht heiraten und sich nicht drängen lassen. Aber dann treffen sie jemanden, der sie gut behandelt und der sich gut um sie kümmert, den heiraten sie dann und kriegen Kinder und sind glücklich.

Als ich kürzlich eine Freundin traf, erzählte sie mir, sie wolle unbedingt heiraten. Und ich fragte: ›Warum willst du heiraten? Wozu die Eile?‹ Sie sagte: ›Du bekommst alles, was du willst. Du hast einen süßen Kerl, der sich um dich kümmert. Er hört dir zu, er kümmert sich um deine Kinder, er gibt dir, was du willst.‹

Ja, warum würde jemand nicht dieses Leben wollen? Das klingt doch gut. Ein Mann muss aber die Frauen **respektvoll** behandeln. Im Allgemeinen sind die Männer in der Familie dominant, aber oft genug sagen die Frauen, was getan werden muss. Einige Leute folgen der Tradition, dass die Großmütter das Haus führen. Die Großväter sagen: ›Sie ist das Oberhaupt, frag sie!‹ Es gibt sogar ein paar ländliche Gemeinschaften, die **matriarchalisch** sind.

Reisen finde ich nicht so einfach. Ich fühle mich nicht sicher. Delhi ist nicht sicher, in Puna fühle ich mich sicher, in einigen Gegenden Bangalores und in Mumbai. Immer wenn ich zu meinen Freunden aus Mumbai sage, dass ich mich unsicher fühle, sagen sie: ›Warum ziehst du nicht nach Mumbai, es ist so sicher, du kannst anziehen, was immer du willst, du kannst machen, was du willst.‹ Es ist eine Stadt, die von morgens bis abends in Bewegung ist. Jeder feiert, wann immer er will. Es gibt so eine Kultur in Mumbai, in der sich Frauen **sicher** fühlen können, sogar nachts.

Indien hat sich definitiv seit der Unabhängigkeit verändert. Es hat sich immer weiterentwickelt. Ich sehe keinen Niedergang, nur Entwicklung. Aber in all dem habe ich den Eindruck, dass die Tradition in Indien nie verschwinden wird, sie wird immer bleiben.

Erst seit der Kolonialisierung wurde Indien zu einem schlechten Ort. Davor war es sehr liberal. Und ich denke: Wow, das war Indien! **Sexualität** war so offen, der Kleidungsstil war freizügig. Selbst die Architektur der Tempel war sexuell geprägt. Dann kam irgendein Kaiser, dem das nicht gefiel und er änderte alles. Und irgendwann konnte sich keiner mehr daran erinnern. Und mit der Verwestlichung holen die Leute die **coole Lebensweise** nach. Denn wenn wir über indische Kultur reden, dann bedeutet es, den Körper zu bedecken und sich keusch zu verhalten. Aber die Gesellschaft ändert sich nicht, wenn wir weiterhin diese alten Schriften lesen. Sie ändert sich durch den **Einfluss des Westens**.«

32

Ist Homo-sexualität verboten?

DAS VERBOT IST ERST SEIT 2017 AUFGEHOBEN, ABER HOMOSEXUALITÄT WIRD IN INDIEN NOCH IMMER STARK STIGMATISIERT.

Begeisterter Jubel von LGBTQ+-AktivistInnen brach am 6. September 2017 los. Das seit der britischen Kolonialzeit geltende Gesetz, das homosexuelle Handlungen verbot, war endlich Geschichte. In Mumbai marschierten AktivistInnen mit einer riesigen **Regenbogenflagge** auf, in Bangalore flogen bunte Luftballons in den Himmel und in den versteckten schwulen Nachtclubs des Landes wurde ausgiebig gefeiert.

Lange Gesichter gab es dann im Oktober 2023. Die AktivistInnen waren wieder vor Gericht gezogen und kämpften für die Anerkennung der **gleichgeschlechtlichen Ehe**. Dies lehnte das Höchste Gericht ab, fand aber deutliche Worte in Richtung Regierung und forderte sie auf, klare Rahmenbedingungen für gleichgeschlechtliche Partnerschaften zu schaffen. Dazu gehört die Regelung von Erbschaften, Renten und gemeinsamen Bankkonten für LGBTQ+-Partnerschaften.

Die Regierung hatte sich im Vorfeld unmissverständlich dazu geäußert: Homosexualität und **Queerness** sei lediglich ein Konzept urbaner Eliten. Deshalb ist es sehr unwahrscheinlich, dass die Regierung der Aufforderung des Höchsten Gerichts nachkommt.

GUT ZU WISSEN

Einer Umfrage zufolge sind nur 37 Prozent der InderInnen der Meinung, dass Homosexualität einen Platz in der Gesellschaft haben sollte. Im ländlichen Indien ist es ungleich schwerer, sich zu outen und Gleichgeschlechtlichkeit offen zu leben.

Wie leben Transsexuelle in Indien?

DIE TRANSKULTUR HAT EINE LANGE GESCHICHTE IN INDIEN. GESELLSCHAFTLICH AKZEPTIERT WAREN TRANSSEXUELLE VOR DER BRITISCHEN KOLONIALBESETZUNG, DAS HAT SICH SEITDEM GRUNDLEGEND GEÄNDERT.

Hijras heißen die Transfrauen in Indien seit hunderten von Jahren. Sie sind biologisch als Männer geboren und nur selten von Geburt an intergeschlechtlich, sie identifizieren und fühlen sich aber als weiblich. Nicht selten unterziehen sie sich einer **Totalkastration**, oft auch schon im jugendlichen Alter. Eine Kastration in Indien ist nicht gleichzusetzen mit einer modernen Geschlechtsumwandlung in der westlichen Welt. Es geht sehr brachial zu, denn Geld für eine moderne Behandlung fehlt.

Hijras, Eunuchen und alle intergeschlechtlichen Personen werden seit 2014 als Indiens drittes Geschlecht **gesetzlich anerkannt**, was nicht heißt, dass sie gesellschaftlich akzeptiert werden oder ein »normales« Leben führen können, mit einem gut bezahlten Job und vielleicht sogar einer eigenen Familie. Bis 2014 bekamen Hijras keine offiziellen Dokumente, weder einen Pass, noch einen Führerschein, weil man sie keinem Geschlecht zuordnen konnte. Auch heute sind sie noch immer weit davon entfernt, gesellschaftlich anerkannt zu werden und auf dem Arbeitsmarkt bieten sich ihnen nur wenige Chancen. Einige arbeiten in schlecht bezahlten Jobs, andere singen und tanzen, betteln und segnen.

Sie fallen in der Öffentlichkeit schnell auf, denn sie unterscheiden sich stark von einer typischen indischen Frau. Hijras sind zu schrill, zu laut, zu sexy, zu aggressiv. Weil man ihre **magischen Fähigkeiten** fürchtet, gibt man ihrem fordernden Betteln lieber nach. Keiner möchte von einer Hijra verflucht werden. Gleichzeitig verachtet man sie. Sie tauchen oft unangemeldet zu Firmeneinweihungen, Hochzeiten oder Taufen auf und fordern Geld. Dafür segnen die Hijras dann die Firma, das Ehepaar oder das Neugeborene. Weil die Einkünfte aus dem Betteln nicht ausreichen, prostituieren sich viele von ihnen. Etwa 60 Prozent von ihnen verdienen ihr Geld mit **Sexarbeit**.

Sie leben oft in Gemeinschaften unter der Obhut einer Anführerin, die ähnlich einem Zuhälter einen Großteil der Einnahmen fordert. Dafür gibt sie ihnen ein Dach über dem Kopf und holt sie zur Not durch Bestechung aus dem Gefängnis. Vergewaltigung und Prügel von Seiten der Polizei und der Freier sind keine Seltenheit, Hijras sind sehr verletzliche Menschen in der indischen Gesellschafft.

Immer wieder liest man ähnliche Geschichten. Eine Transfrau wird von einem wütenden Mob angegriffen, weil man ihr **Kindesentführung** vorwirft. Sie wird zusammengeschlagen, manchmal so brutal, dass die Hijra an der Schwere der Verletzungen stirbt. Die Vorwürfe der Kindesentführung zeigen sich als unhaltbar, die Angreifer kommen davon. Diese Aktionen gleichen sich so sehr, dass man davon ausgehen kann, dass diese Unterstellungen gezielt verbreitet werden. Dabei verehren die Hijras selbst eine Göttin, die für Gewaltlosigkeit steht. **Bahuchara Mata** ist die Schutzgöttin der Hijras. Das Reittier der Göttin ist ein Hahn, der Unschuld symbolisiert, in ihren Händen hält sie ein Schwert und heilige Schriften. Einer Legende nach wurde die Kriegertochter der Charankaste von einem Banditen sexuell belästigt. Um sich vor ihm zu retten, schneidet sie sich die Brüste ab und verflucht ihn zur Impotenz. Sie fordert ihn auf, sich als Frau zu kleiden und sich als solche zu benehmen, um für sein übergriffiges Verhalten zu büßen, was der Bandit befolgt und so Buße tut. So gilt Bahuchara Mata als **Beschützerin** der Frauen vor Belästigung und auch als Schutzgöttin der Transsexuellen. Sie ist die Göttin der Keuschheit, aber auch der Fruchtbarkeit und wird deshalb auch von Frauen mit Kinderwunsch angebetet.

Der berühmteste Schrein der Göttin befindet sich in Mehsana im Bundesstaat Gujarat. Dieser prächtige Tempel wurde 1783 erbaut und ist mit zahlreichen exquisiten Steinmetzarbeiten geschmückt. Der Tempel wird von Gläubigen aufgesucht, die auf die eine oder andere Weise von sexuellen Problemen geplagt werden. Sie suchen den Segen der Göttin, um ihre Unzulänglichkeiten zu überwinden und sexuelle Kraft zu erlangen.

In vorkolonialen Zeiten genossen transsexuelle Menschen in Indien gesellschaftliches Ansehen. Im Mogulreich ab dem frühen 16. Jahrhundert spielten Hijras eine bedeutende Rolle an **königlichen Höfen** und besetzten teils hohe politische Posten. Hirjas und Eunuchen galten als vertrauenswürdige Diener, die durchaus einflussreich und wohlhabend sein konnten. Sie überwachten den Harem, wurden teilweise zu GenerälInnen, zu LehrerInnen der Monarchenkinder oder zu BeraterInnen in Regierungsfragen berufen. Das endete ziemlich abrupt mit dem Aufstieg Englands zur Kolonialmacht in Indien. Ab 1871 galt der von den Briten verabschiedete **Criminal Tribes Act**. Alle Eunuchen und Hirjas wurden jetzt registriert und kontrolliert, sie standen unter einem Generalverdacht von Kindesentführungen und Sodomie. Das Tragen von Frauenkleidung wurde für sie strafbar, wer sich widersetzte, dem drohten bis zu zwei Jahre Haft und eine Geldbuße. Dadurch verloren Hijras auf einen Schlag ihre Erwerbsmöglichkeiten und wurden in die Armut gezwungen.

Über 150 Jahre später gibt es nun erste Maßnahmen, die marginalisierte Gruppe der Hijras zu unterstützen. In den südindischen Bundesstaaten Kerala und Tamil Nadu wurde 2019 entschieden, **Geschlechtsangleichungen** kostenlos vorzunehmen. Außerdem sollen den Hijras staatliche Stipendien Zugang zu einer besseren Bildung ermöglichen. Die Bundesstaaten Jammu und Kashmir bieten eine Altersrente für Transmenschen über 60 an, in Maharastra und Gujarat gibt es Bildungskampagnen. Es gibt eine Krankenversicherung und vereinzelt wurden **Schutzhäuser** errichtet. So manche Hijra muss alle paar Wochen umziehen, weil die Nachbarschaft für eine Kündigung der Wohnung sorgt oder das Geld für die Miete nicht reicht. Fast alle kennen den ewigen Spießrutenlauf in Straßen und auf Plätzen, erleben Bedrohung und Gewalt und sind dankbar, einen der begehrten Plätze in einem Schutzhaus zu bekommen.

GUT ZU WISSEN

Transgeschlechtliche Inderinnen aus reicheren Kasten lassen Geschlechtsangleichungen nach westlichem Vorbild vornehmen und leben ein normales Leben als Frau. Sie leben eher seltener in Hijra-Gemeinschaften.

34

Was gibt es Neues aus Bollywood?

IN BOLLYWOODS FILMEN WIRD WEITERHIN GESCHMACHTET UND DIE STORY MIT SCHRILL AUSGESTATTETEN TANZ- UND GESANGSEINLAGEN AUFGEPEPPT. DOCH DER BOLLYWOOD-FILM IST AUCH EIN SPIEGEL DER ZEIT.

Die Drehbücher gleichen sich seit Beginn der indischen Filmgeschichte. Ein Liebespaar kann aufgrund von Kastenschranken, verfeindeter Familien oder anderen Hindernissen nicht zusammenfinden. Um die Liebe muss gekämpft werden und am Ende steht stets ein Happy End. Dazu gibt es Gesangs- und Tanzeinlagen und wenn es besonders gut für die ProduzentInnen und RegisseurInnen läuft, entwickeln sich Songs daraus zu Kassenschlagern. Das garantiert den Erfolg des Films, denn die Songs werden dann im ganzen Land gesungen. Diese Melange aus verschiedenen Elementen wird **Masala Movie** genannt. Gleich der feurigen Gewürzmischung vereint der Film verschiedene Genres: Liebes- und Actionmovie, Tragödie und Komödie, Tanz- und Musikfilm.

Seit die hindu-nationalistische BJP das Land regiert, werden häufiger **MuslimInnen als Bösewichte**, Kriminelle oder Terroristen dargestellt, was die Spannungen im Land weiter verschärft. Einige der Filme sind *Padmaavat – Ein Königreich für die Liebe* (2018), *Tanhaji: The Unsung Warrior* (2020), *The Kashmir Files* (2022) und *The Kerala Story* (2023). Sie alle tragen zur anhaltenden Debatte über die Filmdarstellung von MuslimInnen bei und schüren Vorurteile und Unfrieden zwischen den Religionen.

Während des Wahlkampfs in Karnataka warb Premierminister Modi für den Film *The Kerala Story* mit den Worten: »Die Kerala Story basiert auf einer Terrorverschwörung. Er zeigt die hässliche Wahrheit des Terrorismus und entlarvt die Pläne der Terroristen.« Damit forderte er die Menschen auf, sich die vermeintliche hässliche Wahrheit anzuschauen und lud zu freien Kinobesuchen ein.

Vor den Kinos jubelten Hindu-NationalistInnen, im Kino wurde die Geschichte eines zum Islam konvertierten Hindu-Mädchens erzählt, das sich in einen muslimischen Mitschüler der Krankenpflegeschule verliebt. Sie wird schwanger und heiratet den Mitschüler. Allerdings geht es dann schon bald nach Afghanistan ins Lager der IS-Terrormiliz.

Der Film greift die Verschwörungstheorie des sogenannten **Love Jihads** auf, nach dem muslimische Männer gezielt Hindu-Mädchen verliebt machen, um sie als Konvertitinnen zu heiraten und so die muslimische Minderheit zu stärken. *The Kerala Story* hat an den heimischen Kinokassen schon in den ersten Wochen mehrere Millionen Dollar eingespielt und für einigen Aufruhr im Land gesorgt. Es kam zu Protesten, ein Mann starb, Hunderte wurden verhaftet.

Der Bollywood-Experte Anup Raghav äußerte, dass die Modi-Regierung steuerliche Anreize für Produktionen biete, die mit ihrer politischen **Agenda** übereinstimmen und so anti-muslimische Filme fördere.

Gar nicht im Sinn ihrer Agenda war *Lipstick Under My Burkha* von 2016. Der Film wurde zunächst von der übermächtigen Filmzensurbehörde mit dem Vorwurf zu **frauenorientiert** zu sein verboten. Die Regisseurin hatte in ihrem Film gewagt, sexuelle Erwartungen, Enttäuschungen und die Sehnsucht nach Freiheit von vier Frauen zu thematisieren. Als da wären: die Besitzerin eines Schönheitssalons, die mit ihrem Geliebten durchbrennen will, die junge Schülerin, die Make-up klaut und unter der Burkha versteckt, und mit einem Schwimmlehrer am Telefon *dirty talkt,* eine 55-jährige Witwe, die mit einem jüngeren Geliebten ihre Sexualität wieder entdeckt und eine unterdrückte Haus- und Ehefrau, die heimlich studiert. Sie alle haben mit den rigiden Vorstellungen einer Gesellschaft zu kämpfen, die keine weibliche sexuelle Entfaltung oder Unabhängigkeit duldet. Mehr noch, wer es wagt, wird bestraft durch Demütigung oder Vergewaltigung, wie in diesem Fall durch den Ehemann.

Das Verbot des Films hatte im Land zu einer großen Diskussion über Gleichberechtigung und **Zensur** geführt. Erst als die Regisseurin klagte und einige Szenen herausgeschnitten wurden, durfte der Film in die indischen Kinos, obwohl er bereits auf einigen Festivals Preise gewonnen hatte. Der Leiter der Zensurbehörde wurde entlassen, die Stelle wurde liberaler besetzt.

Doch nicht nur die Zensurbehörde entscheidet heutzutage darüber, ob Filme in Indien gezeigt werden. Hindu-Hardliner haben mittlerweile so viel Macht, dass Filme sogar aus dem Netflix-Programm verschwinden, wie der Fall um *Annapoorani: Göttin des Essens* von 2024 zeigt. Was war hier das Problem? Eine aufstrebende Köchin, die aus einer streng religiösen Brahmanen-Familie stammt, will Spitzenköchin werden. Die Brahmanen ernähren sich traditionell vegetarisch. Um den Abschluss machen zu können, muss sie jedoch auch Fleisch zubereiten. Der Vater ertappt sie, als sie Fleisch probiert. Umgehend soll sie zwangsverheiratet werden. Sie flieht und nimmt Arbeit in einem Hotel an, beeindruckt dort mit ihren Kochkünsten den französischen Staatspräsidenten und wird zum *Chef de Cuisine.* Obwohl sie nach einer Intrige eines neidischen Mitarbeiters nichts mehr schmecken kann, wird sie zur besten Köchin Indiens gekürt.

Die Fleischesserei einer Brahmanin schmeckte den Hindu-Nationalisten gar nicht und sie versammelten sich tobend vor der **Netflix**-Dependance in Mumbai – und hatten Erfolg. Der Film verschwand aus dem Netflix-Programm. Die Produktionsfirma wurde in die Knie gezwungen. Dieser Fall zeigt exemplarisch eine starke Strömung in Indien: *Zero tolerance for anything else then Hindutva!*

Hindu-Hardliner bezichtigen mittlerweile regelmäßig Filme und Shows, religiöse Gefühle zu verletzen. Diese **Fanatiker** haben im zunehmend hindu-nationalistischen Indien starken Aufwind.

Einen Riesenerfolg feierte der weltweit bekannteste Bollywood-Star **Shah Rukh Khan**, ein muslimischer Star, der übrigens mit einer Hindu-Frau verheiratet ist, im Jahr 2023 mit dem Action-Agentenfilm *Pathaan.* Der Film knackte die Top Ten der erfolgreichsten indischen Filme überhaupt. Ein gigantisches Comeback des Megastars.

Kaum geändert haben sich die Genderklischees, in denen sich die Bollywood-Filme bewegen. Männer treten klassisch männlich auf, sind dominant, autoritär und beruflich oft erfolgreich. Aber im Inneren sind sie rein und gut. Das ist selbst der Held, der **raubeinig** daherkommt und mit schwarzer Lederjacke auf dem Motorrad umherrast und im Alleingang schwer kriminelle Gangs erledigt. Ein guter tugendhafter Mann, der alles für seine Mutter täte und seine vielfältigen Gefühle offen ausdrückt. Er weint und lacht, er leidet und jubiliert.

Über die Jahrzehnte hat sich das Frauenbild etwas geändert. Frauenfiguren treten manchmal selbstbewusst auf und lassen sich nicht mehr alles gefallen. Aber letztendlich sind sie, was sie in Bollywood schon immer waren: schön, akzeptierend und **tugendhaft**. Außer beim Tanz, der purer Sex ist. Das Werben um die Frau ist oftmals aufdringlich, die Frauen stehen dem passiv gegenüber. Am Ende hat der Mann Erfolg, er bekommt was er begehrt.

Weiterhin ist die Hautfarbe der Darsteller und Darstellerinnen hell und dunkelhäutige Menschen kommen als Hauptcharaktere kaum vor, genauso wenig wie soziale Probleme und Schicksale der Armen und der Landbevölkerung. Thematisiert werden meist Liebesgeschichten aus der städtischen **Mittel- und Oberschicht** nach einem sehr ähnlichen Muster. Vor allem muss am Ende die **Mutter** des Helden glücklich sein. Denn eines hat sich der indische Film seit Beginn bewahrt: Die eigentlich wichtigste Frau im Leben des indischen Mannes ist seine Mum.

Jedoch: Während vor einigen Jahren selbst ein **Kuss** auf den Mund undenkbar war, geht es nun in manchen Filmen mehr zur Sache. Andererseits werden ausländische Filme teils knallhart zensiert, wie die Nacktszene in *Oppenheimer*, wo die Darstellerin ein schlecht gemachtes und lächerlich aussehendes schwarzes Kleid retuschiert bekam.

GUT ZU WISSEN

Die indische Filmindustrie produziert jährlich um die 1.000 Filme. Nur etwa ein Drittel davon stammt aus Bollywood, der Traumfabrik Mumbais, dessen früherer Name Bombay in Anlehnung an Hollywood zur Wortkreation »Bollywood« anregte. Neben Bollywood gibt es noch das sogenannte Kollywood, Tollywood und mehre kleinere Filmindustrien in den Sprachen Malayalam, Kannada und Bengali.

Welche Auswirkungen hat das Internet auf die indische Gesellschaft?

INDIEN IST MIT EINER BEVÖLKERUNG VON ÜBER 1,4 MILLIARDEN MENSCHEN UND 800 MILLIONEN INTERNET-USERN DIE SCHNELLSTWACHSENDE DIGITALWIRTSCHAFT DER WELT. NEBEN VIELEN POSITIVEN VERÄNDERUNGEN GIBT ES AUCH SCHATTENSEITEN.

Grundsätzlich fördert das Internet Zugang zu Wissen und Informationen. Durch Lernplattformen haben nun auch BewohnerInnen abgelegener Gebiete Zugang zu hochwertigen Informationen. 10,24 Milliarden Dollar wurden im Jahr 2023 für den indischen **E-Learning-Markt** mit Plattformen wie Khan Academy oder Udemy ausgegeben. Bis 2029 wird ein Wert von 28,46 Milliarden Dollar prognostiziert. Das zeigt, dass die Menschen die Weiterbildung in ihre Hände nehmen und sehr lernbegierig sind.

Durch Messenger-Dienste wie WhatsApp und Social Media wie Instagram und Facebook werden soziale Bewegungen gestärkt und erhalten so mehr Aufmerksamkeit. Ökologische, gesellschaftliche und soziale Themen bekommen mehr Reichweite und können leichter verbreitet werden. Dies gilt allerdings auch für **Fake News**. Aufgrund mangelnder Medienkompetenz können die UserInnen oft nicht unterscheiden, welche Meldungen reinster Fake sind. Immer wieder führen falsche Anschuldigungen zu regionalen Spannungen und Straßenkämpfen, zu Angriffen und Gewalt. Vor allem **Diffamierungen** gegen MuslimInnen und andere Minderheiten werden hierüber verbreitet.

Die Regierung zensiert Inhalte und versucht das Internet zu regulieren und zu steuern. Regierungskritische Accounts werden gelöscht, genauso wird mit Konten protestierender Gruppen verfahren oder es wird das gesamte Internet stillgelegt.

Indien führt weltweit die meisten Netzabschaltungen durch, meist als Reaktion auf Proteste und Unruhen. In den konfliktreichen Regionen Jammu und Kaschmir wird regelmäßig das Internet abgeschaltet. Zwischen August 2019 und Februar 2021 gab es dort für 552 Tage am

Stück einen **Internet Shutdown**. Nachdem 2019 Kaschmir der Status einer Teilautonomie entzogen wurde, gab es schwere Proteste und zahlreiche Verhaftungen von PolitikerInnen und KritikerInnen in der muslimisch dominierten Region. Das hatte schwerwiegende Folgen für das Bildungssystem und für Gewerbetreibende. Kinder konnten in der Coronazeit nicht am Online-Unterricht teilnehmen und wegen des Ausfalls von Online-Handel und Bezahlsystemen gingen reihenweise Geschäfte bankrott.

Auch 2019 und 2020 hatte die Regierung zu diesem Mittel gegriffen, um **muslimische Proteste** gegen das sie diskriminierende Staatsbürgerschaftsgesetz zu unterdrücken und um Bauernproteste gegen die Liberalisierung der Landwirtschaft einzudämmen.

Gleichzeitig wird in Indien der Zugang zum World Wide Web immer wichtiger, beispielsweise um Essensrationen oder Sozialleistungen erhalten zu können. Selbst für Lebensmittelrationen ist eine biometrische Authentifizierung notwendig. Seit 2017 müssen berechtigte Menschen ihre Fingerabdrücke dafür elektronisch abgleichen lassen. Ohne Internet kein Essen.

Digital India heißt die großangelegte Initiative, mit der die Modi-Regierung seit 2015 Indien in die digitale Zukunft führt. Doch mit den Internetsperren werden laut Human Rights Watch Rechte auf Meinungsfreiheit, Sicherheit, Bildung, Gesundheit und das Recht auf Nahrung untergraben.

Mit dem Mahatma Gandhi National Rural Employment Guarantee Act (NREGA) wurde ein Gesetz verabschiedet, das über 100 Millionen ländlichen Haushalten Einkommen und Arbeit für 100 Tage pro Jahr garantiert. Je nach Bundesstaat liegt die Entlohnung bei 2,30 bis 3,74 Euro pro Tag. Doch sowohl Anwesenheit als auch die Lohnauszahlung ist mittlerweile digitalisiert. Zweimal am Tag müssen die Beschäftigten ein Foto von sich in einer App hochladen und ihren Standort teilen, **datenschutzrechtlich** eine äußerst fragwürdige Praktik. Hinzu kommt: Wenn das Internet unzuverlässig funktioniert oder abgeschaltet wird, kann die App gar nicht bedient werden, dann funktionieren weder Lohnzahlung noch Zugang zu Essensrationen oder Geldabhebungen. Alleine im Jahr 2022 hat Indien das Netz mindestens 84 Mal abgeschaltet.

Interkulturell gesehen bringen Streaming-Dienste wie Netflix internationale Filme und Serien in indische Haushalte. Das mag einerseits das Wissen über andere Kulturen erhöhen, andererseits werden Begehrlichkeiten und Konsumwünsche gefördert.

GUT ZU WISSEN

In kaum einem Land ist die mobile Datennutzung so billig wie in Indien. Umgerechnet bekommt man für 10 Cent ein GigaByte Datenvolumen. In Deutschland zahlt man dafür aktuell über 2,50 Euro.

Warum ist indisches Essen so scharf?

CHILI IST AUS DER INDISCHEN KÜCHE NICHT WEGZUDENKEN. BEI DIESER FESTSTELLUNG NICKEN CHILI-HATERINNEN LEIDVOLL. VOR ALLEM IM SÜDEN VERSPRÜHT DIE ROTE SCHOTE FAST IN JEDEM ESSEN IHR FEUER.

Kaum vorstellbar, aber Chili wurde erst von den Portugiesen im 16. Jahrhundert eingeführt. Seitdem hat sich Chili im ganzen Land verbreitet und wird heiß geliebt. So sehr sogar, dass es Festivals und **Wettessen** rund um die Chili gibt. Auch Bollywood wird nicht müde, regelmäßig Gags mit Chilis einzubauen, in denen der Held mit hochrotem Gesicht und prustend nach Milch verlangt. Sehr zur Freude der ZuschauerInnen.

Warum sich die Chili durchgesetzt und den leckeren indischen Pippali-Pfeffer verdrängt hat, liegt daran, dass sie sehr ertragreich und einfach anzubauen ist. Ein Nebeneffekt ist ihre antibakterielle Wirkung, die Lebensmittel länger haltbar macht. Außerdem ist Chili gesund. Sie steigert die Durchblutung, kurbelt den Stoffwechsel an und reduziert Entzündungen.

Der Bundesstaat Andhra Pradesh liegt weit vorne bei der Chili-Produktion und in der Stadt Guntur ist der größte Chili-Markt der Welt. Hier stehen unzählige Hallen mit tausenden Säcken getrockneter roter Chilis, die einen wortwörtlich atemberaubenden Geruch versprühen.

Indien hielt übrigens bis 2012 den Weltrekord der schärfsten Schote. *Bhut Jolokia*, die Geisterchili, wartet mit stolzen 1 Million Scoville-Einheiten auf. Im Vergleich dazu hat Tabasco nur 3.000 Einheiten. Jetzt trägt die US-Schote *Carolina Reaper* den Titel mit bis zu 2,2 Millionen Scoville-Einheiten. Einen Eimer Milch bitte!

ABER

Nicht nur im Essen, auch in Waffen findet Chili Verwendung. In einigen Regionen Indiens wird der Chili-Wirkstoff Capsaicin als Tränengas eingesetzt. Die Auswirkungen dürften jedem bekannt sein, der schon mal ein richtig scharfes Chili-Essen verdrückt hat: Tränenfluss, Atembeschwerden, Husten, hochroter Kopf, Röcheln.

37

Warum wackeln InderInnen mit dem Kopf?

UM ES FREI MIT DEN WORTEN DER BAND *SPLIFF* ZU SAGEN: »SIE RÜTTELN SICH UND SCHÜTTELN SICH, DA FLIEGT MIR DOCH DAS BLECH WEG.«

Es dürfte wohl keinen Indienreisenden geben, der nicht die Erfahrung macht, verständnislos vor einer kopfwackelnden InderIn zu stehen. Als **Indian Head Wobble** oder Indian Head Shake im Englischen bekannt, beschreibt die Kopfbewegung eine Art liegende Acht. Diese wird meist mehrmals entweder schnell, langsam oder vage und teilweise in Kombination mit Augenbewegungen oder Zungenschnalzen ausgeführt.

Das Kopfwackeln kann die Antwort auf Fragen oder Aussagen sein wie: Ist dieses Restaurant empfehlenswert? Ist das der Weg zum Shiva-Tempel? 1000 Rupien für dieses Shirt, das ist zu teuer! Danke für den Tee. Die Klospülung geht nicht, ich möchte ein anderes Zimmer. Sprich, in allen möglichen Lebenslagen wird gleich geantwortet, beziehungsweise gewackelt.

Dabei gibt es in der non-verbalen **Kopfwackel-Kommunikation** durchaus feine Unterschiede. Mal angenommen, Sie sind InderIn und Ihre Mutter trägt Ihnen auf, morgen früh die Kuh zu melken, dann bedeutet das Kopfwackeln, manchmal mit leicht geschlossenen Augen: Ja, selbstverständlich, werte, hochrespektierte Mutter.

Eine schnell ausgeführte liegende Acht auf: »Indien ist ein ganz wundervolles Land, die Menschen sind wirklich sehr nett« bedeutet Zustimmung. Ein klares Ja, ich verstehe und stimme dir zu! Je schneller das Kopfwackeln ist, umso größer ist die Zustimmung.

Ein vages Kopfwackeln steht oft für: Ja, ich bin einverstanden, etwa auf die Frage: »Ich zahle Ihnen nur die Hälfte, das ist der allerletzte Preis, ist das ok?«

Ist die Antwort auf verschiedene Varianten einer Frage immer gleich, nämlich ein Kopfwackeln, bedeutet es »Keine Ahnung«. Ist das der richtige Weg? Oder geht es hier lang? Oder dort lang?

Diese Art der non-verbalen Kommunikation ist Resultat des tief verwurzelten **Hierarchiegefälles** in der indischen Gesellschaft, die nur einen begrenzten Spielraum für Meinungsverschiedenheiten zulässt. Das bezieht nicht nur höhere Kasten mit ein, sondern auch Ältere, Vorgesetzte oder Gäste. Ein **Nein** auf die Frage eines Vorgesetzen oder eines höherkastigen Großgrundbesitzers könnte schwerwiegende Folgen haben. Im ersten Fall Verlust des Arbeitsplatzes, im zweiten Verlust der körperlichen Unversehrtheit. Außerdem ist Indien noch immer ein traditionelles Agrarland. Man weiß nie, ob man nicht bald auf die Hilfe der anderen angewiesen ist. So ist das Kopfwackeln auch eine Möglichkeit, Beziehungen offenzulassen, die Zustimmung hinauszuzögern und sich Zeit zu verschaffen.

Freundlichkeit und Respekt sind wichtige Werte, die mit der Erziehung vermittelt werden. Ein direktes »Nein« gilt als äußerst unhöflich und respektlos, lieber zeigt man sich nachgiebig und höflich. Deshalb wird das Kopfwackeln eben auch für eine Verneinung eingesetzt, neben »Ja«, »Keine Ahnung«, »Okay«, »Danke« und »Einverstanden«.

Wenn zum Beispiel ein deutscher Chef mit seinen indischen KollegInnen kommuniziert oder wenn TouristInnen sich durch Indien bewegen, kommt es regelmäßig zu großer **Verwirrung**, Verzweiflung oder Wutanfällen. Immer daran denken: ein Nein wird als kulturelle Eigenart vermieden. Der Rest bleibt oft genug ein großes Rätselraten und fördert die Tugenden **Geduld** und Nachsicht.

GUT ZU WISSEN

Nur in wenigen Länder, dazu gehören Deutschland, die Niederlande und Nordamerika, wird sehr direkt kommuniziert. Deutsche gelten im Ausland als sehr direkt und mitunter als unhöflich. Hintergrund ist nicht, dass Deutsche sich gern beschweren, sondern ihre sehr direkte Form des Kommunizierens. Bereits in unseren Nachbarländern wird indirekt kommuniziert. Schon in Österreich wird ein klares Nein eher vermieden. Letztlich ist Deutschland eine kleine Nein-Sager-Insel in der großen weiten Welt des **Ja**.

Deutsche arbeiten in Indien – geht das überhaupt?

SCHWIERIG, ABER WENN MAN SICH GUT VORBEREITET, IST ES MÖGLICH, SAGT CHRISTOPH HEGEMANN, DER FÜR DAS IFA (INSTITUT FÜR AUSLANDSBEZIEHUNGEN) KUNSTAUSSTELLUNGEN IN INDIEN UND SONSTWO IN DER WELT AUFBAUT.

Wenn man sich nicht klar macht, welche große Unterschiede es zur indischen Kultur gibt, erwarten einen brutale **Kulturschocks** und riesige Irritationen. Deshalb ist es entscheidend, sich gut vorzubereiten, unter anderem mit Themen wie: Was kann da alles auf mich zukommen? Kann ich mich in einen Inder hineinversetzen? Warum verhält man sich in dieser oder jener Situation so? Immer wieder gibt es größte Missverständnisse, was das Zeitmanagement anbelangt. Man hört oft, »**Morgen ist es fertig**«, um am nächsten Tag denselben Satz zu hören und am übernächsten wieder und so weiter. Deshalb ist es wichtig, alles ins Detail schriftlich festzuhalten. Mitarbeiterführung muss in Indien komplett anders gehandhabt werden. Gibt man einem deutschen Mitarbeiter einen Auftrag, der für eine Woche angesetzt ist, wird in einer Woche das Ergebnis geliefert. Gibt man den Auftrag einem Inder, muss man sich jeden Tag erkundigen, prüfen, Hilfe anbieten und sich immer wieder rückversichern, sonst passiert in der Woche gar nichts.

Generell kostet alles im Vergleich zu Deutschland sehr viel mehr Zeit. **Zeit** wird aber auch als Taktik benutzt. Man springt thematisch hin und her, redet über Details und Kleinigkeiten. Besser man teilt den Termin des Rückflugs erst gar nicht mit, damit dies nicht taktisch verwendet wird. Es ist sowieso eine ganz andere Art zu verhandeln als in Deutschland. Bei uns ist das eher linear, dort eher zirkulär.

Absprachen über Termine werden nach meiner Erfahrung dann eingehalten, wenn man eine gute Beziehung aufgebaut hat. Indien ist eine **Beziehungskultur**, Deutschland hat eine faktisch basierte Kultur. Deshalb ist es ratsam, erst eine Beziehung aufzubauen, bevor man an das Geschäftliche denkt. Das ist natürlich allein zeitlich nicht immer möglich. Aber Fragen nach der Familie und den Kindern können hier schon hilfreich sein.

Sehr anders ist auch das Verhältnis zu Hierarchie und Macht. Indien ist stark hierarchisch strukturiert, in der Gesellschaft und auch im Arbeitsleben. Der Chef ist eine Art unantastbare und nicht infrage zu stellende Person.

Auch Konflikte auszutragen oder Probleme offen anzusprechen, ist in Deutschland möglich und durchaus üblich. Nicht so in Indien. Die deutsche Art der direkten Kommunikation ist weltweit gesehen selten. In fast allen Ländern wird eher indirekt kommuniziert. Das ist gut zu wissen, denn unsere direkte Art des **Klartext-Redens** und des Forderns kann sehr grenzüberscheitend wirken.

Irritierend war für mich anfangs, wie Einladungen zu einem privaten Abendessen abliefen. Man ist eingeladen, aber außer mir kommt erst mal lange kein anderer Gast pünktlich. Diese trudeln mit mindestens einer Stunde Verspätung ein. Es werden Aperitifs und Snacks gereicht, man schnackt und klönt. Das eigentliche Essen wird Stunden später serviert. Dann gibt es keinen Alkohol mehr und nach dem Essen gehen sofort alle. Bei **Gastgeschenken** kommt das am besten an, was als deutsch gilt: ein Bierkrug, eine Nachbildung des Fernsehturms aus Schokolade, Lebkuchen, so etwas in der Art.

GUT ZU WISSEN

Für deutsche Unternehmen ist es viel leichter, mit indischen Unternehmen zu agieren, wenn diese schon international tätig sind. Andersherum sind bereits viele indische Unternehmen auf dem deutschen Markt präsent. Etwa 200 indische Unternehmen sind in Deutschland aktiv. Diese Firmen sind zu knapp 70 Prozent in der Metall- und Automobilindustrie tätig. Der Zugang zur deutschen Technologie und dem weltweit bekannten Qualitätssiegel ***Made in Germany*** wird für die Wirtschaft Indiens immer wichtiger. Ein Fünftel der indischen Übernahmen finden übrigens im Autozulieferbereich statt, ein Drittel im Maschinenbau. Wollen Sie oder Ihre MitarbeiterInnen nach Indien, sollten Kosten für ein **interkulturelles Training** nicht gescheut werden. Es hilft ungemein bei den Geschäftsabläufen und kann so manchen Kulturschock und viel Frustration verhindern.

Ist Kiffen in Indien erlaubt?

OBWOHL CANNABIS IN DEN VEDEN ERWÄHNT WIRD UND SHIVA ALS DER GOTT DER BERAUSCHENDEN PFLANZE GILT, IST CANNABIS SEIT 1985 IN INDIEN ILLEGAL.

Die erste Erwähnung von Cannabis in Indien findet sich in den Veden, genauer in den Atharva Veden, den 3.000 Jahre alten heiligen Schriften des Hinduismus. Hier wird Cannabis als eine der fünf wesentlichen Pflanzen mit vielen positiven **gesundheitlichen Wirkungen** aufgeführt. Die Blätter der Pflanze bekommen gar den Status als Schutzengel. In bestimmten vedischen Ritualen wurden Cannabisstängel in das Yagna, ein rituelles Feuer, geworfen, um Feinde und böse Kräfte zu besiegen. Cannabis hatte einen festen Platz in der religiösen Kultur Indiens, wurde als Heilmittel im Ayurveda geschätzt, aber auch als Rauschmittel benutzt.

Als sich die Briten als **Kolonialmacht** Indien untertan machten, folgte ein Kulturschock dem nächsten. Dazu gehörte auch der verbreitete Cannabis-Konsum in weiten Teilen der indischen Gesellschaft. Englische Zeitungen ließen sich immer wieder über den Konsum von **Ganja**, wie die Pflanze in Indien genannt wird, aus und beschrieben aufsässiges Verhalten und kriminelle Taten als direkte Folge des Gebrauchs. *The stiff upper lip was not pleased.*

Unter dem Einfluss der **Opiumkriege** gegen China hatte sich in den USA und Großbritannien eine starke Anti-Opium-Allianz formiert, die forderte, Cannabis zu verbieten. Als Folge forschten die Briten ab 1871 in mehreren Untersuchungen zu Cannabis und seinen Gefahren. Das Ergebnis: Obwohl die Verbreitung sehr bedauerlich ist, besteht keine Suchtgefahr, keine gesundheitlichen Folgen, als auch keine sonstigen negativen Auswirkungen. Die Illegalisierung schien erst einmal vom Tisch.

In der Zeit des Kalten Kriegs wandte sich das Blatt. Indien wollte vom technologischen Know-how der USA profitieren und brauchte diese als Verbündete. So beugte man sich dem Druck der USA und erließ 1985 den Narcotics Drugs and Psychotropic Substances Act, ein Gesetz über

Betäubungsmittel, der den Konsum von Cannabisfrüchten und -blüten unter **Strafe** stellt, die Blätter jedoch ausschließt. Aus den Blättern wird ein berauschendes Getränk, **Bhang**, zubereitet, das in Indien von jung bis alt zu bestimmten heiligen Tagen, getrunken wird. In Milch und Gewürzen aufgekocht, finden sich meist auch verbotene Blütenstände neben den erlaubten Hanfblättern im Topf. Vor allem an Tagen der Shiva-Verehrung wie Shivaratri wird Bhang getrunken und sogar von staatlichen Shops gebraut und an alle verkauft.

Shiva ist einer der verehrtesten Götter. Er gilt nicht nur als Gott des universellen Bewusstseins, als der Gott der Meditation und der Yogis, sondern auch als **Herr des Bhang**, des Cannabis. Einer Legende nach entdeckte Shiva die bewusstseinserweiternde Wirkung von Ganja, als er inmitten eines Felds dieser Pflanze meditierte.

Der **Shivaismus** hat Millionen AnhängerInnen mit ganz unterschiedlichen Lebensstilen und Anschauungen. Die, die es besonders ernst mit der Shiva-Verehrung meinen, leben als Sadhus, als Mönche, ein sehr asketisches Leben. Von der Askese ausgenommen ist die Cannabis-Pflanze in allen Formen. Viele der Shiva-Männer in orangenen Wickeltüchern sind dauer-stoned. In einem **Chillum**, einer Art Tonpfeife, wird entweder Ganja, Haschisch oder Charas geraucht. Charas ist eine Art Konzentrat und wird aus dem Harz frisch geernteter Blüten hergestellt, während man Haschisch aus getrockneten Pflanzen extrahiert. Charas wirkt stärker und psychedelischer und weil der Charas-Rauch sehr kratzig ist, hört man die Sadhus oft laut und ausgiebig husten. Typisch **weirdes Indien**: Die Sadhus sind von den empfindlichen Strafen auf Cannabis-Besitz und -Gebrauch ausgenommen. Der Staat sieht hier eine Art religiöse Notwendigkeit zur spirituellen Bewusstseinserweiterung.

Wer kein Sadhu ist und mit einer kleinen Menge Cannabis erwischt wird, dem droht eine **Haftstrafe** von bis zu einem Jahr oder ein Bußgeld von bis zu 10.000 Rupien. Je nach Menge kann die Haftzeit auf 12 Jahre plus ein Bußgeld von bis zu 200.000 Rupien, rund 2.200 Euro, hochgestuft werden. Wiederholungstätern mit beispielsweise über 20 Kilogramm Haschisch kann theoretisch die Todesstrafe drohen. Zwar wird der Cannabis-Konsum weitgehend toleriert, was aber nicht vor den harten Strafen schützt.

Medizinischer Cannabiskonsum ist dagegen legal, entschied das Oberste Gericht 2022. So gibt es bereits eine erste **Cannabis-Klinik** in Bangalore und im nördlichen Jammu gibt es ein erstes Cannabis-Forschungsprojekt im Rahmen einer Zusammenarbeit mit einem kanadischen Unternehmen. Für KifferInnen ist Nordindien ein Paradies, denn die Pflanzen gedeihen hier prächtig und wachsen überall.

Shivaratri ist ein besonders wichtiges Fest für die AnhängerInnen des Gottes Shiva. Tausende Sadhus reisen dann nach Nepal und pilgern zur Tempelanlage Pashupatinath nahe Kathmandu. In ihren orangen Roben oder in weißer Asche und Lendenschurz sitzen sie auf dem Boden der großen Tempelanlage, vor ihnen türmen sich ganze Haufen Ganja, kiloweise Kifferware, die von den jüngeren Pilgern gekauft wird. Es ist ein wahrer Handelsplatz für Cannabis, dichte Rauchschwaden wabern durch die Tempelanlage, schon der Geruch macht high. Einige Sadhus halten ein berauschtes Schläfchen, andere sitzen hochkonzentriert im Meditationssitz, wieder andere handeln, kiffen oder führen angeregte Gespräche. Abends kocht die Stimmung dann richtig hoch, es wird getanzt, weiter geraucht, gebetet. Unten am Fluss werden Tote bestattet, während auf den Tribünen Gesangs- und Tanzeinlagen präsentiert werden. In dieser Nacht bleibt man wach, um so die Energien der besonderen Planetenkonstellation aufzunehmen. Shivaratri ist die heiligste Nacht des hinduistischen Jahrs.

ABER

Vorsicht in Touristenregionen wie Goa. Weil der Umgang mit Drogen in Goa so offen ist, kann man leicht annehmen, der Konsum sei legal. An den Touristenständen gibt es Bongs und Chillums in allen Farben und Formen zu kaufen, Taxifahrer bieten Haschisch zum Kauf an und in den Strandbars wird offen gekifft. Schon oft ist der Rausch zum Horrortrip geworden. Wenn die Polizei bei einer Razzia irgendetwas findet, sei es auch ein noch so kleiner Krümel, dann heißt es im besten Fall das Bankkonto am Geldautomaten bis zum Auszahlungsstopp zu plündern, im schlechteren Fall Gefängnis!

Was liest Indien?

IN INDIEN LIEST MAN MEHR ALS JE ZUVOR. DIE WACHSENDE INDISCHE MITTELSCHICHT LIEST GERNE BÜCHER ÜBER PERSÖNLICHKEITSENTWICKLUNG, ETWA *21 WEGE AUS DER PROKRASTINATION* ODER *WIE MAN SEIN POTENZIAL LEBT.* ABER ES GIBT AUCH SPANNENDE ROMANE UND NEUENTDECKUNGEN AUF DEM INDISCHEN LITERATURMARKT, DIE STARK NACHGEFRAGT WERDEN.

In einer vom NOP World Culture Score Index durchgeführten Umfrage in 30 Ländern zur Lesefreudigkeit hat Indien den ersten Platz belegt. Laut der Rangliste lesen die Menschen dort jede Woche 10,4 Stunden. Das entspricht im Durchschnitt etwa 1,5 Stunden pro Tag. Thailand und China liegen mit 9,24 bzw. 8 Stunden auf Platz zwei und drei der Liste hinter Indien. Überraschenderweise hat die **Lesefreudigkeit** wenig mit der Alphabetisierung zu tun, da europäische Länder mit hohen Alphabetisierungsraten und erstklassigen Bildungssystemen wie Finnland, Norwegen und Dänemark nicht unter den Top Ten der Leseländer zu finden sind. Die Alphabetisierungsrate Indiens lag 2022 bei etwa 76,3 Prozent.

Im Jahr 2023 sorgten mehrere Bücher für Furore in der indischen Literaturszene. An der Spitze der Charts stehen:

The Palace of Illusions von Chitra Banerjee Divakaruni: Eine Nacherzählung des großen indischen Epos **Mahabharata*** aus der Sicht von Draupadi, der gemeinsamen Ehefrau der 5 Pandava-Brüder. Ein Buch, das durch die weibliche Perspektive fesselt.

Inglorious Empire von Shashi Tharoor: Der britische Imperialismus rechtfertigte sich als Politik eines aufgeklärten **Kolonialismus** zum Wohl der Beherrschten. Shashi Tharoor demontiert diese Position und zeigt, dass jede imperiale Neuerung – von der Eisenbahn bis zur Rechtsstaatlichkeit – allein den Interessen Großbritanniens diente. Er zeigt auf, dass die industrielle Revolution Großbritanniens auf der Deindustrialisierung Indiens und der Zerstörung seiner Textilindustrie beruht.

Smoke and Ashes von Amitav Ghosh: Eine Reise des Schriftstellers durch die verborgenen Geschichten des Opiums. Es beinhaltet zugleich Reisebericht, Memoiren und Geschichten, die sich auf jahrzehntelange Archivrecherchen stützen. Darin zeichnet Amitav Ghosh nach, wie sehr der **Opiumhandel** Großbritannien, Indien und China sowie die ganze Welt verändert hat. Die Mythologien des Kapitalismus und die sozialen und kulturellen Auswirkungen des Kolonialismus werden enthüllt. Von der Rolle, die eine kleine Pflanze bei der Entstehung unserer Welt spielte, welche nun am Rand einer Katastrophe steht.

Hurda von Atharva Pandit: Das Buch handelt vom Verschwinden und den Morden an drei jungen Mädchen aus einem Dorf in Maharashtra am Valentinstag 2013. Basierend auf einer wahren Begebenheit zeigt dieser Roman das zeitgenössische Indien und stellt dessen allgegenwärtige und tiefgreifende **Frauenfeindlichkeit** zur Schau.

GUT ZU WISSEN

Wer sich auf Indien vorbereiten will oder einfach das Land besser verstehen und einen Blick hinter die oft schwer verständliche Fassade werfen möchte, dem seien folgende Bücher empfohlen.

Das Gleichgewicht der Welt von Rohinton Mistry: Das Buch erzählt schonungslos die Lebenswege von vier Personen, die sich im Indien der 1970er-Jahre kreuzen. Es geht um die **Gnadenlosigkeit** des Kastensystems, die Ohnmacht und das Ausgeliefertsein gegenüber den festgeschriebenen Gesetzen und höhergestellten Menschen. Brutal, aber enthüllend.

Der weiße Tiger von Aravind Adiga: Das Buch erzählt die Geschichte des Sohns eines Rikscha-Fahrers, der sich zum Unternehmer in Bangalore hochgearbeitet hat. Auch hier werden die Missstände der indischen Gesellschaft enttarnt. Einer der **populärsten Indienromane** und Gewinner des Man Booker Preises (2008).

Shantaram von Gregory David Roberts: Der Roman handelt von dem Australier Lindey, der das Leben im Slum von Bombay und einflussreiche Männer der Unterwelt kennenlernt. Spannend geschrieben und **ein Muss**.

Bombay: Maximum City von Suketu Mehta, der als Erwachsener aus den USA nach Mumbai zurückkehrt: Es geht um die dunklen Seiten der Millionenmetropole, um Missstände und Besonderheiten Indiens und um Menschen, die ihr **Glück in der Stadt** suchen und dabei teilweise Grenzen überschreiten.

* Das Mahabharata handelt alle wichtigen religiösen und philosophischen Themen des Hinduismus ab. Es geht um Leben und Tod, Karma und Dharma (rechtschaffenes, soziales Handeln), um Erfüllung und Leid, Götter und alte Hymnen. Eingebettet ist dies in den Kampf zweier Königsfamilien, den »bösen« Kauravas und den »guten« Pandavas. Es wird angenommen, dass dies ein historisches Ereignis war. Die **Bhagavad Gita** ist Teil des Mahabharata und gilt als Essenz der Veden. Sie handelt vom Gespräch des Gotts Krishna mit dem Krieger Arjuna auf einem Schlachtfeld. Es geht um moralische Erwägungen und Verhaltensweisen, um Einheit und Dualität.

Warum bekommt man in Indien leicht einen Kultur-schock?

WOHL NAHEZU JEDER INDIENREISENDE BEKOMMT IHN, EINEN KULTURSCHOCK. MANCHE KRIEGEN IHN ALLERDINGS AUCH, WENN SIE INS EMOTIONAL ABGEKÜHLTE DEUTSCHLAND ZURÜCKKOMMEN.

Im Vergleich zu unserem wohlgeordneten Land, in dem Menschen schon einen Herzinfarkt bekommen, wenn jemand vor ihrem Einfamilienhaus ein Kaugummipapier fallen lässt, ist Indien reinstes **Chaos**. Menschenmassen, die endlos durch die Straßen wabern, durchsetzt von Kühen, Straßenkindern und BettlerInnen, geschobenen Holzkarren, vollbeladenen Rikschas und zischenden Garküchen. Die **Gerüche** von getrocknetem Urin, süßem Jasmin, altem Fett und heißem Staub und die Geräuschkulisse von endlosem Gehupe. Dazu laute Aufforderungen zum Kauf von allerlei Tand, Teppichen, Tee, starrende Blicke und immer wieder lautes Rufen nach Aufmerksamkeit. Wird Ihnen schon beim Lesen schwindelig?

Letztendlich bekommt man einen **Kulturschock**, wenn Handlungen und Umstände unsere Grenzen einreißen. Ohne eine stete Bereitschaft und immer wieder neue Versuche des Verstehens, eine Haltung von Akzeptanz, Neugierde und auch Resilienz wird man scheitern.

InderInnen sind sehr sensibel und scheinen die Verfassung anderer erspüren zu können. Je nachdem blickt man in strahlende Augen oder sieht in reservierte Gesichter. Nehmen Sie sich nicht die Chance auf herzerwärmende **Kontakte** und magische Momente, auch wenn es immer wieder herausfordernd wird.

GUT ZU WISSEN

Sollten Sie ein von Hygiene besessener Hypochonder sein, der mit Domestos putzend vor sich herwischt, tun Sie sich den Gefallen und reisen Sie nicht nach Indien. Sie würden mit dem Putzen nie fertig werden. Aber das Gleiche gilt für Kreuzberg.

42
Ist in
moderner Zeit
die klassische
indische Musik
überhaupt
noch beliebt?

DIESE FRAGE LÄSST MAN PANDIT PREM KUMA MALLICK AM BESTEN IN SEINEN EIGENEN WORTEN BEANTWORTEN. ER GEHÖRT ZUR EINER BERÜHMTEN MUSIKERFAMILIE UND IST EIN FÜHRENDER VERTRETER DER DARBHANGA-DHRUPAD-HOFMUSIK-TRADITION, BENANNT NACH EINEM EHEMALIGEN STAAT NAHE DER NEPALESISCHEN GRENZE. VIRTUOS SINGT DER VIELFACHE PREISTRÄGER UND UNIVERSITÄTSPROFESSOR FÜR MUSIK UNTER ANDEREM HOCHKOMPLEXE RAGAS.

»In Indien gibt es jede Art von Musik. Bollywood-Musik, westliche Musik, aber auch die klassische indische Musik ist sehr populär. Das zeigt sich an den vielen StudentInnen, die ich an den Universitäten, aber auch zu Hause persönlich unterrichte. Für die StudentInnen schreibe ich die Kompositionen nieder, aber einige sehr begabte SchülerInnen unterrichte ich, wie ich es lernte, nämlich in direkter Überlieferung.

Seit nunmehr 14 Generationen sind wir Mallicks Musiker und alle haben es in mündlicher Überlieferung gelernt. Die **Virtuosität** kommt durch das tägliche Üben. Seit ich 6 oder 7 Jahre alt war, habe ich jeden Tag musiziert, also seit 55 Jahren praktiziere ich Musik. Morgens zwei bis drei Stunden und abends nochmal so lange. Nach dem Aufwachen: Musik hören, üben – zu jeder Tageszeit. Vollzeit-Musiker kann man sagen. Ich lernte, indem mein Vater vorsang und ich es nachsang. Ich singe also genauso wie meine **Vorfahren**, die es auf dieselbe Art gelernt haben. Auch mein Sohn und meine Tochter habe ich so gelehrt und sie sind beide sehr gute Performer.

Letztlich kommt es auf die Kapazität des Gehirns und die **Intelligenz** an. Ich singe nicht nur den Dhrupad-Stil unserer Familie, sondern auch Khyal, Thumari-Dadra, Tappa und melodiöse Bhajans.

In meiner Familie gab es im 18. Jahrhundert zwei Sänger, die vom Maharadscha von Darbhanga zu Hofmusikern gemacht wurden. Zu jener Zeit gab es eine dreijährige Dürrephase und meine Vorfahren sollten mit **Regen-Ragas** eine Dürrekatastrophe abwenden. Sie performten sechs Ragas, Wolken zogen sich zusammen und schließlich regnete es. Als Dank bekamen sie drei Dörfer in der Nähe geschenkt, damit sie auch weiterhin für Regen sorgen konnten. Ich bin auch dort geboren, aber lebe nun seit 42 Jahren in Allhabad, nahe Benares, wo ich unterrichte.

Ob ich für Regen sorgen kann? Naja, in München ist ja gerade schrecklich viel Regen. Aber für das trockene Berlin? Ich kann es ja beim nächsten Konzert versuchen.« (lacht)

Ist in Indien die Presse frei?

»GROSSE MÄNNER HABEN DIE PRESSEFREIHEIT NIE GEFÜRCHTET; DENN WO KEIN PULVER LIEGT, KANN MAN DIE LEUTE RAUCHEN LASSEN.«

KARL WEBER

Die Organisation Reporter ohne Grenzen findet in ihrem Jahresbericht 2024 klare Worte über die Situation in Indien: »Hasskampagnen gegen Medienschaffende bis hin zu Aufruf zum Mord sind in sozialen Netzwerken alltäglich und werden von **Trollarmeen** aus dem Umfeld der hindu-nationalistischen Regierung befeuert.« Insbesondere Frauen seien von den Kampagnen betroffen und behördenkritische JournalistInnen würden oft »mit Strafverfolgung mundtot gemacht«.

Unabhängige journalistische Arbeit ist gefährlich geworden. Dabei ist die Pressefreiheit in Indiens Verfassung von 1949 verankert. Doch seit die BJP 2014 an die Macht kam, ist das Land im internationalen Ranking um 21 Punkte gesunken und belegt nun **Rang 159** von 180.

Nahezu alle öffentlichen Medien berichten mittlerweile ganz im Sinn ihres populären Premiers Modi. Die wichtigsten Medienhäuser mit ihren Tageszeitungen und Magazinen, TV-Sendern, Radiostationen und Internetseiten sind entweder im direkten Besitz von **Multimilliardärsfamilien** wie Amabani und Adani oder diese sind über Mehrheiten der Aktienanteile größte Eigner. Das wird gerne zu Eigenwerbung und Marketing genutzt. Das meiste Geld verdienen diese Familien allerdings mit Großprojekten der Infrastruktur und Telekommunikation. Als Mitglieder der BJP nehmen sie direkt Einfluss auf die Inhalte, ihre Medien berichten regierungsfreundlich und auf der anderen Seite werden Vorurteile gegen MuslimInnen geschürt und Stereotype verbreitet. Es wird emotionalisiert und der Konflikt künstlich befeuert.

Grundsätzlich liegt das Grundproblem der Medien bei dem Einfluss von Konzernen und Privatpersonen und der Regierung als Hauptanzeigenkunde. So findet man in diesen Zeitungen täglich großseitige Anzeigen mit dem **Konterfei Modis**, der für allerlei Regierungsprojekte wirbt.

Einige unabhängige Medien versuchen gegenzuhalten. Diese finanzieren sich über AbonnentInnen und bleiben bewusst werbefrei. Doch sie kriegen starken Gegenwind. JournalistInnen regierungskritischer Zeitungen, Magazinen, Radiostationen, Podcasts und Websites wirft man permanent Sand ins Getriebe: mit Beschlagnahmung von Equipment und steuerlichen Untersuchungen bis hin zu **Inhaftierungen** wegen des Vorwurfs des Terrorismus.

Das harte Vorgehen wird durch den **UAPA Act**, das berüchtigte Anti-Terror-Gesetz, legitimiert, auf den sich Polizei und Staatsapparat gerne bei kritischen Medienschaffenden beziehen. Die Repressionen sollen auch abschrecken. 16 JournalistInnen wurde zwischen 2010 und 2016 in Bezugnahme auf den UAPA Act inhaftiert. Sechs von ihnen befinden sich 2024 noch in Haft.

Kritik kommt von der Menschenrechtskommission der Vereinten Nationen, einigen Medien wie der Tageszeitung *The Hindu* sowie von der Opposition im Bundessaat Kerala. Hier wirft der Ministerpräsident der Regierung faschistoide Methoden zur Unterdrückung abweichender Meinungen vor.

Nach der Ausstrahlung von *The Modi Question*, einem Dokumentarfilm über Modis Aufstieg in der BJP und seiner Amtszeit als Ministerpräsident in Gujarat, bekam selbst die **BBC** den langen Arm der Regierung zu spüren. In der Doku geht es um die Rolle Modis bei den Ausschreitungen im Jahre 2002, bei denen 1.000 Menschen, zum Großteil MuslimInnen, getötet wurden. Modi wird vorgeworfen, bewusst lange gezögert zu haben, bevor er die Armee eingreifen ließ. Zwar wurde die Doku nur in Großbritannien ausgestrahlt, doch Teile daraus verbreiteten sich schnell auf indischen Social-Media-Seiten. Grund genug, die BBC-Büros in Mumbai und Neu-Delhi durchsuchen zu lassen und Laptops und Mobiltelefone zu beschlagnahmen.

Die Regierung hat Gesetze erlassen, die Streaming-Plattformen und soziale Medien wie Meta und X in die Pflicht nimmt. Der **Information Technology Act** erlaubt der Regierung, Inhalte zu löschen, die »dem Interesse der Souveränität und Integrität Indiens« widersprechen, sowie die Sicherheit des Landes gefährden. Plattformen wie X unterwerfen sich den Regeln. So wurde dort beispielsweise der Account des Journalisten Ahmed Khabeer gesperrt, weil er gegen den Information Technology Act verstoßen habe. Er berichtete über Übergriffe militanter Hindu-Nationalisten auf MuslimInnen und Dalits. Anfang August veröffentlichte er noch Videos, die seiner Meinung nach einen Angriff der hinduistischen Extremistengruppe Bajrang Dal auf einen muslimischen Mann und den Abriss muslimischer Häuser durch die Behörden im nördlichen Bundesstaat Haryana zeigten. Am 8. August war sein **X-Konto** gesperrt.

Gibt es Punk und andere alternative Musik in Indien?

BEANS ON TOAST? NEIN, IN INDIEN HEISST ES *PUNK ON TOAST*, ZUMINDEST FÜR LIEBHABERINNEN DER PUNKMUSIK. ES GIBT EINE WACHSENDE UND BUNTE PUNKMUSIKSZENE UND EINE REIHE BANDS, DIE IHRE SOZIALKRITISCHE MEINUNG LAUTHALS AUSDRÜCKEN.

Man vermutet sie nicht in Indien, weil indische Punks keine bunten Iros und Nietenjacken tragen und doch gibt es sie, die Punks. Zu unterscheiden von der westlichen ist die indische **Punkmusik** erst einmal nicht, sie ist genauso treibend, rebellisch und wütend-rotzig wie ihre Vorbilder. Die Bands haben Namen wie **The Vinyl Records**, **Street Stories**, **Bhayanak Maut** und **The Riot Peddlers**.

Neben Alternative-Indie-Bands gibt es auch eine experimentelle **elektronische Musikszene**. Auch Hip-Hop und Rap, die ihr Underground-Dasein im Westen schon lange verlassen haben, werden immer beliebter.

Während noch vor einigen Jahren keine englischsprachige Musik gehört wurde, packt sich die junge städtische Generation auch Pop, Rock und Hip-Hop aus dem Westen auf die Ohren. Aber was man so auf den Straßen und in Häusern, bei Festen und Feiern hört, sind meist **Bollywood-Songs**, die zu Kassenschlagern wurden, und indische Popmusik. **Bhajans**, das sind religiöse Lieder, werden genauso gerne gehört, wie traditionelle Musik aus den verschiedenen Regionen des Landes.

GUT ZU WISSEN

Besonders erwähnt sei hier die **klassische indische Musik**, mit ihren Ragas mit Tablas, Sitars und komplexen Gesangstechniken. Es gibt Morgen- und Nacht-Ragas, welche die den Monsun musikalisch interpretieren oder die Jahreszeiten. Sie zu spielen, erfordert Virtuosität und sie zu hören, ist ein Kunstgenuss.

Was passiert eigentlich mit den abrasierten Haaren der PilgerInnen?

INDISCHES FRAUENHAAR IST KRÄFTIG, GLÄNZEND UND GESUND UND ES IST VOR ALLEM EINES: VIEL ZU WERTVOLL, UM ES WEGZUSCHMEISSEN.

Kahle Frauenköpfe wirken ungewohnt im Land des dicken, kräftigen Zopfs. So gilt es als große religiöse Opfergabe, sich die Haarpracht abrasieren zu lassen.

Was die Frauen nicht wissen ist, dass ihre Haare am Ende auf den Köpfen westlicher Frauen landen. Bis zu 10.000 US-Dollar kann eine handgeknüpfte **Perücke** aus Echthaar in den USA kosten.

In Tirumala, einem Wallfahrtsort im südlichen Tamil Nadu, opfert man sein Haar einer Inkarnation Vishnus, Venkateswara, der Schutz gewähren und Wünsche erfüllen soll. **600 Friseure** sind auf dem Tempelgelände beschäftigt und scheren im Akkord. Der Erlös fließt in die tempeleigene Stiftung mit Schulen, Krankenhäusern und in den Lohn der 19.000 Beschäftigten.

Der Tempel liegt auf einem Berg und inmitten eines weitläufigen Areals. 20 Millionen PilgerInnen kommen jedes Jahr und so muss der Ablauf gut durchorganisiert sein. Besonders spirituell geht es außerhalb des heiligsten Schreins im Tempelinneren nicht zu. Denn bis man dahin vordringt, steht man eingepfercht in Metallgattern in langen engen Schlangen an. **Darshan** heißt diese Stippvisite des Göttlichen, also die »Betrachtung des Göttlichen«. Danach scharen sich kahlköpfige PilgerInnen um die Verkaufsstände auf dem Areal und handeln um allerlei Tand, vom Plastikmaschinengewehr bis hin zu den obligatorischen Bangels, bunten Armreifen. Sie alle wirken erleichtert, frohen Gemütes und hoffnungsvoll, dass ihre haarige Spende Gott milde stimmt.

Warum reise ich trotz der Schattenseiten immer wieder nach Indien?

INDIEN IST FÜR MICH, DIE AUTORIN DIESES BUCHS, IMMER EINE REISE WERT. ES STEHT AUSSER FRAGE, INDIEN IST EIN LAND, MIT VIELEN HERAUSFORDERUNGEN, GROSSER ARMUT UND STARKEN UNGERECHTIGKEITEN. ABER ES IST AUCH EINES DER FASZINIERENDSTEN LÄNDER DER ERDE.

»Jeder Reisende hat seine eigenen Gründe für oder gegen Indien. Meine Faszination und Liebe zu Indien trägt einen Teil in dessen Fremdartigkeit. Wer das Fremde in sich lernt zu akzeptieren, es zu verstehen versucht, wächst innerlich. Die Welt wird größer, sie gewinnt an Dimension und das **Weltverständnis** an Tiefe.

Indien überwältigt immer wieder von Neuem. Es ist flirrend bunt, es riecht, bezaubert, stößt ab und zieht wieder an. Es ist lebendig, es pulsiert vor Leben und zeigt alle Bandbreiten der Existenz. Da gibt es unvorstellbaren Reichtum und harte Armut, glitzernde Glasbauten und Wellblechhütten, endlose Akzeptanz und strikte Abgrenzung. Mittelalter und Moderne existieren gleichzeitig und oft genug reist man gefühlt durch die Jahrhunderte. Der **Facettenreichtum** Indiens zeigt sich, wenn man durch das Land reist. In seiner reichen Kultur der Stämme, seiner Sitten und Gebräuche, der Vielfalt von Landschaftsformen und Vegetationen, ist es einzigartig.

Fast jeden Winter reise ich für einige Wochen nach Indien. Innerlich schon grau und stumpf durch den Berliner Winter geworden, lebe ich dort wieder auf. Es sind auch die Farben, die Wärme, die mich wieder lebendig fühlen lassen.

Aber noch mehr berühren mich die Menschen. So oft erlebe ich **herzliche Unbefangenheit** oder neugierige Offenheit. Begegnungen, die fern von Coolheit und Gereiztheit, Übersättigung und Depression liegen.

Indien ist für mich trotz aller Armut ein reiches Land. Reich durch die Menschen, überragend im Kulturausdruck, tiefgründig und weise durch die **Spiritualität** und hoffnungsvoll, wegen der optimistischen Haltung, des Muts und der Lebensfreude.

Will man das Land kennenlernen, kann man sich entscheiden, mit dem Rucksack auf eigene Faust herumzureisen oder sich einer Reisegruppe anzuschließen. Letzteres macht alles einfacher, aber vielleicht auch einseitiger. Sich wagemutig und neugierig durch das Land zu bewegen, geht auch, wenn man als Frau **alleine** reist. Zu viel Leichtsinn ist nicht angebracht, aber mit entsprechender Kleidung, Freundlichkeit, Vorsicht und, wenn es sein muss, auch klaren Ansagen, ist es kein Problem.

Auch für ältere Menschen ist das alleinige Reisen angenehm. Indien zieht viele alleinreisende Leute an, auf Sinnsuche oder kultureller Mission unterwegs, sodass man Kontakte in jede Altersklasse knüpfen kann. Obwohl ich generell keine Einzelgängerin bin, liebe ich es, alleine nach Indien zu reisen. So tauche ich tiefer in das Land ein, bin offener und auch angewiesener auf Kontakte und das Miteinander.

Indien belohnt jeden Reisenden üppig, sofern man innerlich flexibel genug ist, **die Fremde** zu adaptieren. Dann wird es magisch und spannend. Vor allem, wenn man aus dem vergleichsweise nüchternen Deutschland kommt.

Und falls es doch mal langweilig werden sollte? Es ist kaum wahrscheinlich, aber dann empfehle ich eine Ayurveda-Kur, einen Meditationskurs oder eine Zeit in einem klosterähnlichen Ashram. Oder machen Sie einen mehrtägigen Kamelausritt in der Wüste Thar, besuchen alte Paläste und Festungen im nordöstlichen Rajasthan, schnuppern Tempel-Atmosphäre oder besteigen die Berge des majestätischen Himalayas. Testen Sie die großartige **Küche** ausgiebig, besuchen sie Gewürzfarmen oder Wasserfälle. Helfen Sie ehrenamtlich in Schulen oder in NGOs, liegen Sie an den schönen Stränden Goas oder lassen Sie sich durch die einzigartige Backwater-Landschaft Keralas schippern. Oder, oder, oder.«

GUT ZU WISSEN

Zeit Eine Indienreise sollte zeitlich nicht zu kurz geraten. Minimum drei Wochen sollte man einplanen, damit man ein wenig vom Land sehen kann, ohne nur hindurch zu hetzen. Einige Reisende begehen den Fehler, so viel wie möglich sehen zu wollen und reisen hektisch durch das Land, ohne jemals wirklich anzukommen. Es ist auch eine Reise nach innen, die Indien spannend macht. Und das erfordert Muse, innehalten, die Zeit vergessen. Dann wird die Reise unvergesslich.

47

Wie lebt und feiert der reichste Inder?

IN INDIEN LEBEN 169 MULTIMILLIARDÄRE, JEDEN TAG KOMMEN ETWA 70 MILLIONÄRE DAZU. DER REICHSTE DER SUPERREICHEN IST MUKESH AMBANI MIT EINEM VERMÖGEN VON 105 MILLIARDEN US-DOLLAR, WAS IHN ZUM REICHSTEN MANN ASIENS KÜRT.

Natürlich lebt Mukesh Ambani in keinem Haus, auch in keiner Villa, sondern in **Antilia**, dem größten und teuersten privaten Wohnhaus der Welt. Das Gebäude liegt in Mumbai in einem Bezirk mit stolzen Bodenpreisen ab 10.000 Dollar aufwärts und in einer der teuersten Straßen der Welt. Eigentlich gehörte das Gelände einer Stiftung für Waisenkinder und war unverkäuflich. Eigentlich. Antilia misst 173 Meter und hat 27 Stockwerke mit hohen Decken. Das »Haus« hat ein Kino, Yoga- und Tanzräume, einige Etagen mit hängenden Gärten, mehrere Schwimmbecken, einen Ballsaal, einen Schneeraum, dazu drei Hubschrauberlandeplätze und ein Parkhaus mit 168 Stellplätzen. Die drei Kinder Ambanis leben mit PartnerInnen und mit den Eltern Mukesh und Nita Ambani im Haus. **600 DienerInnen** kümmern sich um die Milliardärsfamilie.

Seinen Reichtum hat Ambani mit seinem Unternehmen Reliance Industries gemacht, mit dem Schwerpunkt Mineralöl und Textilien.

Besonders geprotzt wird bei **Hochzeiten**. So kostete die Hochzeit seiner Tochter 100 Millionen, aber weitaus pompöser und exklusiver wurden 2024 die sich über Monate hinziehenden Hochzeitsfeierlichkeiten seines Sohnes Anants ausgerichtet. Bis hin zu einer Milliarde Dollar gehen die Schätzungen der wohl teuersten Hochzeit der Geschichte. In den Vorfeiern performten Rihanna und Justin Bieber für satte Gagen. Gäste wie Mark Zuckerberg, Bill Gates, Premier Modi und Tausende Prominente aus Politik, Wirtschaft und Showgeschäft waren geladen – die Maraschino-Kirsche auf der Torte von Macht und Überfluss. Allein das Smaragdgeschmeide der Ambani-Frauen könnte den nahegelegenen Megaslum Dharavi wochenlang ernähren. Drei Tage dauerten die Vorfeier und ebenso lange die Hochzeitsfeierlichkeiten mit viel Programm und ausufernden Lobeshymnen des Paares auf die Eltern. Gähn.

Lassen sich die Leute in Indien tätowieren?

DIESE FRAGE KANN MIT EINEM KLAREN JA BEANTWORTET WERDEN. TÄTOWIERUNGEN HABEN IN INDIEN EINE LANGE UND VIELFÄLTIGE TRADITION.

Bevor die westliche Tattoo-Mode mit einigen Jahren Verzögerung auch die Metropolen Indiens erreichte, hatten Tattoos dort vor allem religiöse Bedeutung. Sie brachten spirituelle Verbundenheit zum Ausdruck, beispielsweise in Form eines **Om-Zeichens** auf den Handgelenken oder hinter den Ohren.

Heute finden sich in den Großstädten Indiens zig Tattoo-Studios. Die Motive sind häufig spiritueller Natur, wie der Gott Shiva oder der elefantenköpfige Gott Ganesh. **Tiermotive** sind auch beliebt, der Löwe gefolgt vom Adler führen die Parade an. Porträts wie das der **Mutter** oder der Oma sind ebenfalls verbreitet.

Vor allem bei den unterschiedlichen Stämmen ist diese Form der Körperkunst seit Langem Teil ihrer Kultur. Die Frauen des Apatani-Stamms aus den Höhen des Himalayas in Arunachal Pradesh tragen Gesichtstätowierungen in Form blau-schwarzer senkrechter Linien. Um die Farbe herzustellen, werden Tierfette mit Ruß vermischt und mit Dornen aufgetragen. Während sie früher vor dem Angriff von Raubtieren schützen sollten, sind sie heute Ausdruck ihres kulturellen Erbes.

Der Bhil-Stamm hat eine besonders künstlerische **Tattoo-Kultur**. Die Motive bestehen aus komplexen geometrischen Mustern, die auf Arme, Beine und das Gesicht tätowiert werden. Sie sollen als Talisman Krankheiten fernhalten und gelten als Schönheitsmerkmal.

GUT ZU WISSEN

Mehndis, das sind Henna-Tattoos, werden in aufwendigen Mustern vor allem bei Hochzeiten auf Hände und Arme aufgetragen. Die Haltbarkeit beschränkt sich auf wenige Wochen, dann ist alles verbleicht.

Wird man in Indien leichter taub und lungen-krank?

ES KNATTERT UND RATTERT, DRÖHNT, HUPT, DER LÄRM TOST UND BRANDET IMMER WIEDER AUF WIE GIGANTISCHE WELLEN VOLLAKUSTISCHER DRÖHNUNG. UND ES WIRD NICHT LEISER, DENN DIE BEVÖLKERUNG WÄCHST UND DER VERKEHR GLEICH MIT.

Ein paar leicht schlangenlinienfahrende Radler, dazwischen einige Fußgänger, Karren und Kühe und kaum Autos. Welch ein friedliches Bild verlorener Zeiten. Mit dem Wirtschaftswachstum hat sich auch die Lautstärke des Landes in unerhörte und nicht zu überhörende Ausmaße geschraubt. Es ist bekannt, dass **Lärm** krank macht. Stressbedingte Krankheiten, Schwerhörigkeit und Tinnitus sind mögliche Folgen. Eine Untersuchung in Poona belegte, dass 80 Prozent der VerkehrspolizistInnen einen gravierenden Gehörschaden haben. In Kolkata zeichnete man den Lärm in einem verkehrsberuhigten Bereich nahe einem Krankenhaus auf und maß bis zu 109 Dezibel. Das ist in etwa Presslufthammer-Lautstärke.

Es sind vor allem die **Hupen**, die diese gigantische Lärmerei verursachen. Sie werden für den indischen Automobilmarkt wesentlich lauter konstruiert. Laut und vor allem häufig wird gehupt, denn die Hupe dient als Kommunikationsmittel in allen möglichen Verkehrslagen. Von »Achtung, hier komme ich« über »Fahr endlich, du Kanaille« bis hin zu »Verdammter Stau, ich hupe gegen dich an« ist alles dabei. Überflüssige Aufforderungen zum Hupen lesen sich in Endlosschleife auf den Hecks: *Horn please!*

Aber wäre das Land nicht findig und weird, wäre es nicht Indien. So überrascht es immer wieder mit neuen **kuriosen Ideen**. Die Lösung gegen das Problem Straßenlärm und Gehupe wollte Indiens Verkehrsminister kreativ angehen. Statt Gehupe solle traditionelle Musik abgespielt und gleich gesetzlich verordnet werden, so sprach er vor einigen Jahren bei einer Einweihungsfeier einer Autobahn. Vielleicht ging ihm selbst auf, dass eine wilde Kakophonie aus Tablas, Sitars und

Flöten nicht minder stressig wäre, es wird zumindest weiterhin wie wild gehupt.

Neben Lärm verursacht der motorisierte Verkehr ein weiteres Problem: **Luftverschmutzung**. Indiens Aufschwung lässt sich gut an der zunehmenden Motorisierung ablesen. In Zahlen heißt das 60.000 Autos pro Tag mehr in Indien, allein in Delhi sind es 1.000 am Tag mehr. Tendenz steigend. Dabei stehen Megacitys wie Delhi, Mumbai und Kolkata schon jetzt am Rand eines Kollapses.

Die Luftverschmutzung in Delhi ist vor allem im Winter so extrem, dass zeitweise Bauarbeiten stillgelegt werden und Schulen geraten wird, online Unterricht zu geben. Grund dafür, neben den klassischen städtischen Luftverschmutzungen, ist das Verbrennen der Erntereste auf den Feldern rund um Delhi, um die Felder schnell wieder bestellen zu können. Dadurch führt die Stadt eine traurige Weltrangliste an und belegt den ersten Platz für die Stadt mit der schlechtesten und **gefährlichsten Luft** weltweit.

Ökologische Probleme hat Indien zur Genüge, abgesehen von immensen Feinstaubbelastungen in den Städten, sind die Gewässer verschmutzt, die Böden vergiftet und Müllberge wachsen exponentiell zum Wohlstand. Diese ungesunden Umstände machen die Menschen anfälliger für schwere Krankheiten. Umso erfreulicher ist es, wenn Städten eine **ökologische Wende** gelingt. Noch 2013 war Indore als Stadt mit der höchsten Plastikmüllrate im Bundesstaat Madhya Pradesh bekannt, nämlich 63,4 Tonnen Plastikmüll pro Tag. Jetzt ist Indore ein ökologisches Vorzeigeprojekt geworden. Es gibt eine Müllabfuhr und Mülltrennung. 8.500 MüllarbeiterInnen halten die Straßen sauber und recyceln Müll. Das Bewusstsein unter den EinwohnerInnen für eine saubere Umwelt ist gewachsen. Sie selbst sammeln an bestimmten Tagen gemeinsam Müll in den Straßen auf.

Ein weiteres positives Beispiel? Im Dorf Mukhra im Bundesstaat Telanga hat eine frisch gewählte Bürgermeisterin für Kompostanlagen gesorgt. Die hohen Einnahmen aus dem Verkauf des Komposts flossen in **Solarpanels**, die zunächst für Strom an Schulen und Straßenbeleuchtung sorgten. Heute zahlt kein Einwohner des Orts mehr für Strom, das ganze Dorf ist unabhängig von externer Stromversorgung geworden. Es sind Projekte wie diese, die ökologisches Bewusstsein schärfen. Indien ist voller bereichernder Initiativen, innovativen Start-ups und Einzelpersonen, die viel Positives bewirken.

ABER

Nochmals zurück zum Problem Verkehr. Erfolgversprechend war ein Experiment an einem Verkehrsknotenpunkt in Mumbai, das auf dem Straf- und Belohnungsprinzip basiert und ein Beispiel für **Verkehrserziehung** im wahrsten Sinn des Worts ist. Wenn die Hupmarke von 85 Dezibel überschritten wurde, verlängerte sich die ablesbare Zeitspanne an Sekunden bis zur nächsten Grünphase. Erst als sich die AutofahrerInnen beruhigten, konnten sie weiterfahren. Ob diese Maßnahme dauerhaft eingeführt wird, ist noch nicht bekannt. Bis dahin stecken Busse, Rikschas, Autos, LKWs und Motorroller weiterhin im Stau fest. Und alle so: Huuup!

Verrichten InderInnen ihr Geschäft lieber draußen als auf dem Klo?

INDIEN UND DIE TOILETTEN – DAS IST EINE DIFFIZILE ANGELEGENHEIT. EIN KLO ZU HABEN, IST NICHT NUR EINE FRAGE DES LUXUS, SONDERN KANN ÜBER LEBEN UND TOD ENTSCHEIDEN.

Während Männer sich ungeniert an den Straßenrand oder hinter einen Busch hocken, ist der **Klogang** für Frauen ein Problem. In den Städten mangelt es an öffentlichen Toiletten und auf dem Land kann nach Einbruch der Dunkelheit die Erleichterung auf dem Feld **gefährlich** sein. Vergewaltigungen sind keine Seltenheit. So ist es Usus ab dem Nachmittag wenig zu trinken und zu essen, um den Klogang in der Dunkelheit zu vermeiden.

Seit Jahrzehnten gibt es in Indien immer wieder Versuche, die Toilettenanzahl zu erhöhen. Die aktuell laufende Swachh Bharat Mission, die Mission Sauberes Indien, ist die größte Kampagne weltweit gemessen an der Anzahl der gebauten Toiletten. Offiziellen Angaben zufolge wurden zwar **110 Millionen Toiletten** errichtet, aber noch immer haben zwischen 490 und 600 Millionen Menschen in Indien keinen Zugang zu einer fest installierten Toilette.

Von Anfang an wurde die Kampagne in politischen Reden, TV-Spots und auf Plakaten als Beitrag für mehr Sicherheit und Würde für Frauen vermarktet. Werbesprüche wie »Töchter und Schwiegertöchter sollten nicht raus, baue eine Toilette in deinem Haus« führten dazu, dass Männer einem Bau der Toilette eher zustimmten als bei gesundheitlichen Argumenten.

Dabei sagte schon **Gandhi** »Hygiene ist wichtiger als Unabhängigkeit«. Er erkannte die Wichtigkeit von sanitären Einrichtungen als Grundpfeiler von Gesundheit. Denn Bakterien und Viren der Fäkalien auf Feldern und in Flüssen gelangen über den Boden ins Trinkwasser und erreichen so wieder den Menschen. Typhus, Cholera und Hepatitis sind neben Durchfallerkrankungen Folge mangelnder Hygiene und von verunreinigtem Wasser. Vor allem für Kinder gehen Erkrankungen daran oft **tödlich** aus. 80 Prozent aller Erkrankungen sind Folge von verschmutztem Wasser.

Neben den positiven gesundheitlichen und sozialen Effekten der Toilettenkampagne gibt es auch Schattenseiten. In einem Bundesstaat verschwand einfach das Geld für fast eine Million Toiletten. Das sind auch **Gelder der UNO**, die einen großen Teil der milliardenschweren Kampagne bezahlt.

Ein Viertel der Menschen mit Toiletten erleichtern sich lieber weiterhin unter offenem Himmel, aus Gewohnheit und aus Unwissenheit über den Nutzen einer Latrine. Dieses sind Trockentoiletten, die traditionell von Dalit, früher Unberührbaren genannt, gereinigt werden und zwar mit bloßen Händen. Noch 2014 gab es mindestens 700.000 **Manual Scavenger**, die meist Dalit-Frauen sind. Exkremente mit den Händen zu entfernen, ist die niederste Arbeit, die es gibt. Umso mehr, weil Reinheit für das hinduistische Konzept wesentlich ist.

Seit 2013 hat die indische Regierung die Beschäftigung von Manual Scavengers verboten, doch hunderttausende arbeiten noch in diesem Bereich. Die Arbeit selbst kann tödlich sein. Trotz eines offiziellen Verbots der manuellen **Latrinenreinigung** sind seit 2018 mehr als 300 Menschen bei der Reinigung von Abwasserkanälen und Klärgruben gestorben.

Die schlechte Bauweise vieler Toiletten ist ein weiteres Problem, das sich vor allem im Monsun zeigt. Dann werden die Toiletten überflutet und nehmen ihren Inhalt mit in die ohnehin stark verschmutzen Flüsse. Oft sind die errichteten Toiletten schon nach wenigen Wochen unbrauchbar und defekt und enden dann, zweckentfremdet wie seit Jahrzehnten, etwa als Wohnraum, Brennholzlager oder **Ziegenstall**.

ABER

Die Regierungen in Haryana und Uttar Pradesh ergriffen ungewöhnliche Maßnahmen, um der Entfremdung der neuen Toiletten entgegenzuwirken. Mit Drohnen, die zwischen 5 und 9 Uhr über den Feldern kreisen, werden die uneinsichtigen Menschen zuerst identifiziert, dann verwarnt und bei einer Nachfolgetat zu einer Geldstrafe verdonnert.

Warum holt Indien eigentlich so gut wie keine olympischen Medaillen?

SEIT DER GESCHICHTE OLYMPIAS HAT INDIEN INSGESAMT NUR 35 MEDAILLEN GEHOLT, DAVON 10 GOLDMEDAILLEN, 9 SILBER- UND 16 BRONZEMEDIALEN. IM VERGLEICH DAZU HAT DIE USA 1.058 GOLDMEDAILLEN GEWONNEN.

Wäre Cricket eine Olympia-Disziplin, würde dieser bescheidene **Medaillen-Spiegel** wohl erfreulicher ausfallen. So aufstrebend Indien sich präsentieren mag, eine Sportnation ist das Land nicht. Und alle vier Jahre gibt es die seltsamsten Erklärungsversuche indischer PolitikerInnen. Sie seien eben nicht sportlich, heißt es da, sie würden zu fettig essen und insgesamt wäre die Ernährung schlecht für Sportlichkeit. Viel naheliegender als die Essgewohnheiten sind ganz andere Gründe: Indien ist ein Land, in dem ein Fünftel in Armut lebt. Auch die Mittelschicht arbeitet hart und hat kaum ein **Freizeitleben**. Sport wird dann ausgeübt, wenn man Zeit, Muse und Kraft dafür übrig hat.

Außerdem gibt es weder koordinierte **Sportförderung** noch ein organisiertes System von Amateur-Clubs, in denen Talente identifiziert und gefördert werden könnten. So sind es häufig Zufälle, die zur Entdeckung von Ausnahmetalenten führen.

So auch der Goldjunge und Speerwerfer Neeraj Chopra, der 2021 Indiens erste **Goldmedaille** seit 13 Jahren und die erste Leichtathletik-Medaille überhaupt holte. In der Armee wurde sein Weitwurftalent erkannt und er bekam eine entsprechende Förderung. Sein Olympia-Erfolg wurde reich entlohnt. Von seinem Bundesstaat Haryana, dem Punjab und Manipur, Indiens Olympischem Komitee und der indischen Eisenbahn bekam er ein Preisgeld von knapp 1,5 Millionen Euro.

52

Sind Deutsche in Indien beliebt?

DEUTSCHE SIND BELIEBTER ALS EINIGE ANDERE NATIONEN, VOR ALLEM ALS DIEJENIGEN, DIE LAUT POLTERND DURCH INDIEN REISEN.

Früher hörte man wohlmeinende Warnungen dieses oder jenes Hotel zu meiden, weil dort Israelis weilten. Abertausende junge Menschen wollten nach ihrer Wehrdienstzeit in Israel einfach Spaß haben, was oftmals bedeutete: Kiffen, Essen, Trinken, Repeat. Inder waren von einem im militärischen Befehlston gerufenen »Baba, Ketchup!« sehr verletzt, gerade weil **Höflichkeit** und Respekt wichtige indische Werte sind.

RussInnen sind erst vor etwa zehn Jahren in Massen nach Indien gereist und bestiegen schnell das Podest der Unbeliebtheit. Der laute Tonfall und der starke Alkoholkonsum vertragen sich schlecht mit den feinen und sensiblen InderInnen.

Und wo stehen die Deutschen? Wie häufig im Ausland sind Mercedes und der FC Bayern München der Deutschen beste **Aushängeschilder**. In Indien kommt dann ab und an Hitler dazu. Immerhin habe er gegen die Kolonialmacht England gekämpft, hört man dann. Unwissenheit über seine Verbrechen an der Menschheit ist Usus. Immer wieder kommt es zu Schlagzeilen, weil ein Eisladen, Hähnchengrill oder Kleidershop »Hitler« genannt wird. So gab es einen Riesenwirbel, weil sich ein Shop mit Trendklamotten in Ahmedebad »Hitler« nannte. Wie herauskam, hatten die beiden Geschäftsleute den Shop nach dem Großvater benannt, der wegen seiner strengen und pingeligen Art den **Spitznamen** Hitler trug. Die Verbrechen des einstigen Reichskanzlers waren ihnen unbekannt und die beiden waren regelrecht erschrocken, als sich die Weltöffentlichkeit empörte. Erst hieß es, nur im Fall eines Rechtsspruchs wollten die beiden das teure Ladenschild ersetzen. Doch am Ende beugten sich beide dem Druck und nannten ihren Laden »Gladiator«, das Hakenkreuz auf dem i-Punkt blieb.

Deutsche Indienreisende sind beliebt. Auf die Frage »Where are you from« freut man sich über »**Germany**«. Doch neuerdings gibt es auch besorgte Blicke, da man das Straucheln Deutschlands in der Weltwirtschaft wahrnimmt und nicht versteht, wie die Supermacht an Disziplin und Know-how abrutschen konnte.

Was ist aus indischer Sicht »weird« an Deutschland?

ANUSTUP BANDYOPADHYAY AUS KOLKATA LEBTE ZWEI JAHRE IN MÜNCHEN UND NUN IM NORDDEUTSCHEN PLÖN. FÜR UNS FERTIGTE DER STUDENT EINE LISTE AN, MIT DINGEN, DIE ER *WEIRD* AN DEUTSCHLAND FINDET.

Seltsame Dinge über die Deutschen:

1. Definitiv, wie sehr sich München von Berlin unterscheidet. In Berlin sind die Leute ganz schwarz gekleidet, ein bisschen verrückt, dröhnende Musikboxen spielen in der Straßenbahn Musik und dazu wird getanzt. Das würde ich in München nie sehen (außer am Freitagabend und wenn Bayern München ein wichtiges Spiel gewinnt, dann ist es aber trotzdem anders).

2. Wie fit deutsche **ältere Menschen** sind. Ich hätte mir nie vorstellen können, einen 70-Jährigen zu sehen, der seine Einkäufe selbst erledigt, Arzttermine wahrnimmt, regelmäßige Hausarbeiten erledigt und ein Bierchen in der Sonne trinkt. Es ist unglaublich, wie frei und fit die Deutschen sind. Ich wünsche mir, dass es so bleibt.

3. Die Auswahl an **Brot** hier und alle Brote sind so gut. Ehrlich gesagt, nachdem ich hier Brot gegessen habe, schmeckt das Brot in Indien wie Kuchen. Es ist einfach zu süß. Deutsche Brote sind unglaublich.

4. Werkzeuge und deren Designs! Ja, in Deutschland gibt es für alles ein **Werkzeug**, eines, um ein Ei aufzuschlagen, eines, um eine Orange aufzuschneiden, Fenster, die sich in einem bestimmten Winkel öffnen lassen, um Luft hineinzulassen (ich weiß nicht, wie man es nennen soll, aber man öffnet es leicht von oben. Ich dachte einmal, ich hätte das Fenster zerbrochen und meine Kaution wäre weg).

5. Ich finde die deutsche Lebensweise sehr individualistisch und ein bisschen langweilig, um ehrlich zu sein. Vielleicht fällt es mir mehr auf, weil ich aus Indien komme, wo auf der Straße immer etwas los ist. Es ist sehr **lebendig** und sehr chaotisch. Also, ja, ich wünschte, die Leute wären etwas freundlicher und etwas weniger distanziert und **kalt**.

Die Softwareingenieure Ankit Golel und Vipul Sharma sind Mitte 20 und arbeiten in Berlin. Sie kommen aus dem Norden Indiens und wundern sich noch immer über Deutschland. Im Regen an der Berliner Warschauer Brücke sprechen sie über ihre Eindrücke.

Ankit: »Wenn du an ein entwickeltes Land denkst, hast du viele Vorstellungen. Aber es hat mich so überrascht, wie anders hier vieles ist. Zum Beispiel bekommt man einen Brief von der Bank und man muss die darin enthaltene Grafik scannen um sich für eine App anzumelden. Einen Brief zu schicken, um sich für eine App anzumelden? Das hat mich echt überrascht.

Eine weitere Sache: Ich war wirklich verwundert, dass ich mich fühlte, als wäre ich in Berlin in eine kleinere Stadt gekommen. Die Leute gehen einfach in den Park und entspannen sich. Und die Leute scheinen sich untereinander zu kennen. In Delhi funktioniert das überhaupt nicht, denn Delhi ist einfach voll mit Leuten.

Wenn man in Berlin herumläuft, sieht man eine Menge historischer Dinge, selbst wenn man sich nur die öffentlichen Verkehrsmittel ansieht. Da gibt es Straßenbahnen, Busse, U-Bahnen, S-Bahnen und einige davon sind sehr modern. Aber einige der Züge sind sehr alt und sehen fast **historisch** aus. Und das ist überraschend. Denn wenn man sich die öffentlichen Verkehrsmittel in Indien anschaut, dann sind sie entweder alt oder sie sind neu. Es gibt hier einige Züge, die aussehen, als wären sie aus den 1970er-Jahren. In gewisser Weise fühlt es sich hier sehr **retro** an. In Deutschland haben die Leute sogar manchmal Plattenspieler. Ich habe Leute gesehen, die Platten kaufen und sie hören. In Indien kenne ich niemanden, der einen Plattenspieler hat. In ganz Delhi gibt es, glaube ich, einen einzigen Plattenladen, in den wahrscheinlich niemand geht und selbst CDs sind überholt und out. Du kannst nicht einmal eine CD kaufen, aber in Deutschland schon.«

Vipul: »In Indien sind die digitalen Transaktionen so weit fortgeschritten, dass wir überhaupt keine Brieftasche mehr haben. Wir haben nur unsere Handys dabei. Hier ist es mir oft passiert, dass ich in ein gutes, großes Restaurant gehe und die akzeptieren nur **Bargeld**. Dann fühle ich mich unflexibel, weil ich immer Bargeld bei mir haben muss. Und wenn jemand sagt, dass er nur Bargeld akzeptiert, dann habe ich das Gefühl, dass es nicht digital in irgendwelchen Aufzeichnungen auftaucht. Es ist einfach eine Bargeldtransaktion. Es wird nirgendwo digital abgewickelt oder nachverfolgt, also fühle ich mich einfach nicht sicher dabei.

Und dann gibt es einen großen kulturellen Unterschied zwischen Indien und Deutschland. Wenn man in Indien an einem Ort wohnt, kennt man seine Nachbarn, man wird von seinen Nachbarn angesprochen, isst mit ihnen und so weiter. Man kann sich überall unterhalten, in Supermärkten, einfach überall. Und hier ist es so, dass die Leute nicht wirklich interessiert sind, was in deinem Leben passiert. Alles ist **privat.**«

Ankit: »Und wenn man etwas bei diesen **Ämtern** erledigen muss, dauert es Monate, bis man einen Termin bekommt. Dann bekommt man vielleicht einen Platz in zwei Monaten und wenn man ihn verpasst hat, sind es wieder zwei Monate, die man warten muss.«

Vipul: »Als ich dieses Jahr nach Indien reiste, um meinen Ausweis erneuern zu lassen, ging alles automatisch. Ich habe online einen Termin gebucht und die Dokumente in einer digitalen App gespeichert. Der Prozess war sehr einfach. Ich dachte, dass ich jemanden bestechen muss. Aber nichts ist passiert. Alles war online und **automatisiert**. Ich musste nur meine Fingerabdrücke einscannen und das war's. Ich war zuvor drei Jahre nicht mehr in Indien und hatte seit zehn Jahren keinen Pass beantragt. Ich war einfach überrascht, dass es so einfach war.«

Ankit: »Das Verrückte an Indien ist, dass Indien ein so großes Land ist und wenn man Geld hat, hat man viele **Privilegien**. Das ist hier ganz anders. In Indien hängt es davon ab, wie reich man ist und wo man wohnt und was für eine Familie man hat, darauf baut alles auf. Wenn man also privilegiert ist, hat man Zugang zu Bildung, was leider nicht auf jeden zutrifft. Wenn man in Indien auf ein staatliches College geht, gibt es bestimmte Vorbehalte. Da kann es passieren, dass man in einer Klasse mit 80 Schülern landet. Einige sind sehr privilegiert und die haben Englisch-Unterricht. Aber in derselben Klasse gibt es andere, die keinen Englisch-Unterricht haben.

Und dann habe ich noch eine weirde Sache hier erlebt: Ich kam in einer Nacht im Dezember in Berlin an und ging in die Nähe des Bahnhof Zoo. Da war eine **Brücke** und darunter schliefen in dieser Kälte Menschen. Die Leute taten mir wirklich leid. So eine Kälte habe ich noch nie erlebt. Ich komme aus Delhi, aber dort ist es nie so kalt. Und zu sehen, wie sich die Menschen unter einer Brücke abmühen, war einfach nur schrecklich. Ich hatte das Gefühl, dass es sogar noch schlimmer war als in Indien, denn um dieses Wetter zu überstehen, ist es schon verrückt, unter einer Brücke zu schlafen.«

Vipul: »Eine andere Sache ist, dass in Indien das Essen sehr gut ist. Aber das **indische Essen** hier? Damit tun wir uns wirklich schwer. Die Leute erwarten von uns, dass wir Restaurant-Empfehlungen geben, aber wir mögen das indische Essen hier gar nicht. Es ist nicht mal annähernd so gut, wie in Indien. Das Essen hier ist eine ziemliche Herausforderung. Die Küche in Indien ist reichhaltiger an Gewürzen und Aromen. Wenn ich hier verschiedene Essen probiere, dann kommt mir das Essen fad vor, weil ich es nicht gewohnt bin, einfach so ein Steak zu essen, mit Kartoffelpüree oder so was. Für mich ist es einfach fad. Es fehlen Gewürze.«

Freie Fahrt für den indischen Tourismus?

REISEN, REISEN, REISEN. INDERINNEN LIEBEN AUSLANDSREISEN UND SIND NUN DIE REISEWELTMEISTERINNEN DES ASIATISCHEN RAUMS.

Urlaub, das war vor einigen Jahren für fast alle InderInnen eine Luxusvorstellung und unvorstellbar. Nur Pilgern und Reisen zu Hochzeiten, das waren Anlässe, seinen Wohnort zu verlassen. Nun hat sich die Lebensrealität für Millionen verändert. Die Mittelschicht ist gewachsen und deren Einkommen gestiegen. So wie Deutsche in den 1950er- und 1960er-Jahren zum ersten Mal **Urlaub** machten, so sind es nun InderInnen, die beginnen zu reisen.

2022 verzeichnete Indien laut dem Jahresbericht der indischen Tourismusstatistik 678 Millionen **inländische Touristenbesuche**. Im selben Jahr hatte Premier Modi dazu aufgefordert, mindestens 15 Orte in Indien zu bereisen, um den Tourismus anzukurbeln. Diese **Reisefreudigkeit** hat Folgen. Reist man beispielsweise jetzt nach Goa, erkennt man Orte, die man vor einigen Jahren erlebt hat, teilweise nicht wieder. Sie sind nun erschlossen für den indischen Tourismus und das bedeutet oft genug, entweder billige Massenabfertigung oder Luxus-Resort. Indische TouristInnen machen mittlerweile fast 90 Prozent der gesamten TouristInnen in Goa aus.

In Nordindien ist das ehemals spirituelle und beschauliche Rishikesh zum Ort für Party- und Outdoor-Tourismus geworden. Und ein weiteres Beispiel aus dem Osten Indiens: Digha, inzwischen eine Art indisches Lloret de Mar und ein aus dem Boden gestampfter **Massenabfertigungsort** am Indischen Ozean.

Die Lieblingsziele im Ausland sind übrigens Dubai, die USA, Thailand und Saudi-Arabien. 15 Prozent der Reisen führen nach Europa oder Amerika. Indien wird als der Konsummarkt der Zukunft gesehen und das schließt die Tourismusbranche mit ein.

Warum sind in Indien 5 Minuten nie 5 Minuten?

»JUST 5 MINUTES.« DIESEN SATZ HÖRT MAN IN INDIEN STÄNDIG UND NIE IST ER WAHR. AUS 5 INDISCHEN MINUTEN KÖNNEN STUNDEN WERDEN.

Aber das ist kein Grund sich aufzuregen, zumindest nach indischer Auffassung. Es geht nicht um die Einhaltung eines Zeitpunkts, sondern um den Fluss des Lebens. Die Grundlage dafür haben die Upanishaden gelegt, wichtige 2.500 Jahre alte philosophische Schriften. In ihnen geht es um Sinn und Zweck des Daseins, um **Brahman und Atman**, also das höchste kosmische Bewusstsein und um das Pendant im menschlichen Wesenskern, um Wiedergeburt und die **Zyklen** des Kosmos. Die Vorstellung, dass sich alles in Zyklen abspielt und alles wie in der Natur einem Kreislauf von Entstehen, Existenz und Vergehen unterliegt, wurde hier geprägt.

Dabei beinhaltet das Vergehen auch bereits schon den Neuanfang. Der Geburt folgt der Tod, dem Tod folgt die (nächste) Geburt. Und gemäß dieser zyklischen Vorstellung wird **Zeit** auch nicht als wertvoll oder vergänglich betrachtet wie in unserer linearen Idee von Zeit (Unsere Einteilung und Messung der Zeit geht übrigens auf das Sexagesimalsystem der Babylonier von vor 4.000 Jahren zurück).

Die indische Auffassung von Zeit findet sich auch im Sprachgebrauch wieder. In einigen indischen Sprachen heißt *Kal* gestern und auch morgen und *Parason* steht für vorgestern und übermorgen. Zeit ist also ein wiederkehrender, kreisförmiger Prozess ohne Beginn und Ende. Aus diesem Blickwinkel muss sich zwangsläufig **Unpünktlichkeit** und flexible Terminhaltung ergeben.

GUT ZU WISSEN

Vor einer Indienreise sollte man am besten die Uhr ablegen und sich klarmachen, dass Indien der Lehrmeister für **Geduld** ist. Und beim Warten immer schön cool bleiben!

NACHWORT UND DANKSAGUNG

Am Ende des Buchs angelangt, haben Sie nun eine Reise durch Indien zurückgelegt. Lassen Sie sich nicht abschrecken und reisen Sie auch physisch dorthin. Machen Sie sich Ihr eigenes Bild und ich freue mich über Berichte und Eindrücke Ihrer Reise, gerne an andrea_glaubacker@web.de. Jeder Mensch hat mit seinen ganz persönlichen Voreinstellungen auch seine ganz eigene Rezeption und seinen ganz individuellen Blickwinkel. Das macht es spannend und das kann sehr bereichernd sein.
Auch für mich wird es weiterhin nach Indien gehen, um mit offenen Augen zu verfolgen, wie sich Indiens Wandel weiter vollzieht. Ich bin sehr dankbar für meine Indienreisen, sie haben mich innerlich reifen lassen. **Danke Indien!**

Außerdem möchte ich an dieser Stelle einen herzlichen Dank an die fleißigen Korrekturleserinnen Inge Lang, Regine Ruppmann, Carmen Gundel und Zoe Thorne fürs Lesen, Mitdenken und Korrigieren hinterlassen.

Zudem danke ich meinen InterviewpartnerInnen: Morya Sapera, Christoph Hegemann, Rakshita Chaudhary, Benjamin Pütter, Anustup Bandyopadhyay, Yashwant Saran, Pandit Prem Kuma Mallick, Ankit Golel und Vipul Sharma.

Ich freue mich über die langjährige Zusammenarbeit mit dem CONBOOK Verlag und danke besonders Matthias Walter und Svenja Müller, wie auch dem Bruckmann Verlag.

Anfügen möchte ich eine kurze Erklärung zum Gendern: Ich habe darauf an bestimmten Stellen und in manchen Themenbereichen bewusst verzichtet, wenn Frauen im entsprechenden Bereich ausgegrenzt oder unbeteiligt sind. Deshalb ist das Gendern im Ergebnis zwar uneinheitlich, erklärt aber die patriarchalische indische Gesellschaft dadurch deutlicher. Wegen des Leseflusses habe ich auf weitere inkludierende Formen verzichtet, denken Sie sich die Inklusion bitte mit.

Viel Freude in Indien, trotz all der »Weirdness«.

Namaste!

In gleicher Reihe erschienen ...

Weird USA

auch 55 unverschämte Fragen an das Land der gar nicht so unbegrenzten Möglichkeiten

BRUCKMANN

ISBN 978-3-7343-3247-0

www.bruckmann.de